金融支持农村经济发展的多维透视

郭　航◎著

武汉理工大学出版社

图书在版编目（CIP）数据

金融支持农村经济发展的多维透视／郭航著 .

武汉：武汉理工大学出版社，2025. 4. -- ISBN 978-7
-5629-7392-8

Ⅰ . F323；F832.35

中国国家版本馆 CIP 数据核字第 2025GU4247 号

责任编辑：尹珊珊

责任校对：何诗恒　　　　　　　　排　　版：任盼盼

出版发行：武汉理工大学出版社

社　　　址：武汉市洪山区珞狮路 122 号

邮　　　编：430070

网　　　址：http ://www.wutp.com.cn

经　　　销：各地新华书店

印　　　刷：北京亚吉飞数码科技有限公司

开　　　本：710×1000　　1/16

印　　　张：12.5

字　　　数：209 千字

版　　　次：2025 年 4 月第 1 版

印　　　次：2025 年 4 月第 1 次印刷

定　　　价：75.00 元

前　言

在人类社会漫长的发展历程中，农村始终是经济发展的根基，承载着粮食生产、农产品供应等重要职能，为城市化进程提供源源不断的动力。金融作为现代经济的核心，在支持农村经济发展方面的作用越发凸显。近年来，国家对农村经济发展的重视程度不断提高，农村金融得到快速发展。金融机构纷纷将目光投向农村市场，推出了一系列针对农村的金融产品和服务，如小额信贷、农业保险等，为农村经济注入了新的活力。随着农村金融市场的规模不断扩大，金融体系逐渐完善，金融服务的覆盖面持续扩大，可获得性显著提高。

本书围绕农村金融与农村经济发展这一核心主题展开论述。第一章搭建了农村金融的基本框架，从农村金融的基础知识讲起，介绍了其定义、特征等，进而阐述了农村金融市场与金融体系的构成及运行机制，还介绍了农村金融服务的各类产品，如储蓄、信贷、保险等。第二章分析了农村金融促进农村经济发展的内在机理，首先分析了农村金融与农村经济发展的关系，然后借助金融深化理论和内生增长理论，揭示金融在推动农村经济增长、技术创新等方面的内在作用机理。第三章研究了农村经济发展的金融支持体系，探讨了农村金融约束的现状及向有效支持转化的路径，分析了农村金融供需主体的特点，构建了农业产业化金融支持体系，并提出了农村金融支持体系的创新制度设想。第四章探索了金融支持农村经济发展的实践，明确了金融支持农村经济发展的现实基础，包括农村产业结构、金融生态等，借鉴了各地的成功经验，探寻了具有普适性的实践路径。第五章探究了金融创新形态对农村经济发展的支持，分别阐述了普惠金融、绿色金融、互联网金融和数字金融在农村经济发展中的独特支持方式，如扩大服务覆盖范围、助力生态产业发展、提升服务效率等。第六章研究了金融支持下的农村经济贸易转型发展，提出了农村经济贸易转型的有效措施，分析了农村跨境电商发展面临的挑战与实现路径，探讨了农村循环经济与国际贸易的可持续发展，以及新质生产力对农村经济发展国际贸易的推动作用。

本书为农村金融领域的学术研究提供了新的视角和理论支撑，有助于推动农村金融学科的发展。本书的实践探索和案例分析为金融机构、政府部门以及农村地区的政策制定者提供了有益的借鉴和参考，有助于制定更加科学、有效的金融支持政策和措施，促进农村经济的健康发展。在撰写本书过程中，笔者得到了许多同行和专家的大力支持和帮助，在此表示衷心的感谢。同时，笔者也深知本书的研究还存在一些不足之处，恳请广大读者提出宝贵的意见和建议，以便在后续研究中不断完善。

展望未来，随着农村经济的不断发展和金融创新的不断推进，金融支持农村经济发展的研究将面临更多的机遇和挑战。笔者将继续关注这一领域的最新动态，深入探索金融支持农村经济发展的新思路、新方法，为农村经济的繁荣发展贡献自己的力量。

郭　航
2025 年 1 月

目　录

第一章　农村金融的基本框架

本书首先从农村金融的基础知识入手，介绍其定义、特点，了解其在农村经济中的角色。接着深入剖析农村金融市场与金融体系，探究其构成要素与运行模式，理解资金如何在其中流动。最后介绍农村金融服务的产品类型，如储蓄、信贷等，它们是农村金融服务的具体呈现。掌握这些基础内容能让我们更好地理解后续农村金融与经济发展的关联，为研究金融助力农村发展筑牢根基。

第一节　农村金融的基础知识

农村金融是指所有与农村货币流通和信用活动有关的各种经济活动，包括货币、信用、金融与农村经济的相互作用。

一、金融与农村金融

"金融是现代经济的核心，是推动经济高质量发展的重要动力。"[①] 在我国，农村金融与农业金融之间存在着紧密的联系，两者相互依存，共同发展。

（一）金融

1. 金融的含义

金融的核心在于以货币为主要媒介，实现对经济资源在时间、地域和行

---

① 石小川，郑斯文，张凤英．我国农村金融的发展困境与根本出路 [J]．中国农业资源与区划，2024，45（8）：20.

业之间的合理配置和高效管理。金融活动明确地区分为直接金融和间接金融两种形式。其中，直接金融指的是资金的供需双方跳过中介，直接对接完成交易。如企业直接向投资者发行股票，投资者直接认购，整个过程简洁流畅。这种方式直接高效，市场稍有变动，无论是资金的流向，还是回报率的起伏，都能快速在交易中体现出来，是资本市场的关键组成部分。而间接金融则大不相同，它高度依赖银行、保险公司这类金融中介机构。中介机构从零散的资金持有者手中汇聚资金，再有针对性地分配给需求方，实现资金的有效流转。此外，金融通过专业的服务和管理，实现更有效率的资源配置，降低交易成本，推动经济的稳健发展。

2. 金融的特征

第一，跨期性。金融活动的跨期性体现在资源的跨期配置上，资金的筹集和分配在不同时间点进行。金融机构通过市场分析，对未来现金流进行预测和评估，为资金供需双方搭建起跨期交易的桥梁，促进资金合理流动和经济平稳运行。

第二，风险性。金融活动涉及信用、市场和流动性风险。其中，信用风险源于借款人违约，市场风险由价格波动引起，流动性风险与资产买卖出现困难有关。通过分散投资、衍生品对冲和遵守监管规则等方式可以控制这些风险，维护市场稳定。

第三，中介性。金融机构在金融活动中扮演着中介角色，连接资金供需双方，通过筹集和分配资金来支持经济发展。它们不仅促进了资金的流动和配置，还推动了经济的繁荣和稳定。

第四，创新性。金融活动具有创新性，为满足市场需求，不断推出新的金融产品和服务。这些创新丰富了金融市场，推动了市场持续发展，并为经济发展注入了新的活力。

3. 金融的作用

第一，资源配置。金融活动的核心在于资金的筹集和分配。金融能够为经济中的各个行业和领域提供必要的资金支持。这种资金支持能够引导资源流向最需要的领域，从而实现资源的合理配置和优化。无论是新兴产业还是传统行业，金融都能通过资金的注入，为它们的发展提供源源不断的动力。

第二，宏观经济调控。金融机构通过调整信贷政策、利率政策等手段，对经济进行有力调控。这种调控能够引导资金的流向，影响市场的供求关系，从而实现对经济的宏观调控。在金融机构的协助下，政府能够更好地把握经济的脉搏，促进经济的平稳运行。

第三，风险管理。金融机构通过专业的风险评估和控制手段，为资金的供需双方提供风险管理服务。这种服务不仅能够帮助资金的需求方更好地应对市场变化带来的风险，还能够降低金融风险对整个经济的影响。当风险得到有效管理时，经济的运行将更加平稳，市场将更加健康。

第四，促进创新。金融机构通过为科技创新和产业升级提供资金支持和风险管理服务，为创新活动提供了坚实后盾。这种支持不仅能够帮助创新项目渡过初创期的难关，还能为它们提供持续的动力和保障。在金融机构的助力下，科技创新和产业升级将不断加速，从而推动经济持续发展。

（二）农村金融的特征

第一，多样性。农村经济受农业生产的特殊性和地缘性影响，呈现出多样性的特征，包括金融机构在所有制形式及规模上的多样性。因此，农村金融机构需要满足不同农村经济主体的发展需求，为其提供专属的金融服务。

第二，渐进性。我国农村金融市场在商品经济的初级阶段中逐步发展起来，先是民间借贷，再发展到正规银行信用和国家信用；农村金融机构的金融产品由低级到高级、由单项到多项、由短期到长期逐步发展。

第三，紧缩性。农村经济运行对货币政策存在内在需求，这种需求体现为一定的紧缩性。我国农村金融市场表现出明显的二元结构，即官方金融和民间金融并存。农村资金净流量呈现出"内循环、外输出"的特征。农村信贷资金供给短缺与需求旺盛之间的矛盾将长期存在。

二、农村金融的理论依据

（一）农业信贷补贴理论

农业信贷补贴理论是指政府通过财政补贴或其他形式的支持，降低农民和农村企业的融资成本，以促进农业和农村经济的发展。这一理论的核心在于通过信贷补贴来解决农业生产中的资金短缺问题，从而提高农业生产效率和农民收入。

1. 市场失灵的体现

市场失灵是指市场机制不能有效配置资源，导致资源浪费或无法满足社会需求的现象。在农村金融市场中，信贷市场失灵主要体现在以下几个方面。

第一，信息不对称。在农村信贷市场中，金融机构和农户之间的信息不对称问题较为严重。农户缺乏足够的信用记录和抵押品，使得金融机构难以评估其信用风险，从而不愿意向其提供贷款。

第二，外部性。农业生产具有较强的正外部性，如保障粮食安全、保护生态环境等。然而，这些正外部性往往难以通过市场机制得到充分体现，从而导致农业投资不足。

第三，高风险。农业生产受自然条件影响较大，风险高且不可控。这使得金融机构对农业贷款的风险评估较为保守，从而限制了信贷供给。

2. 弥补市场失灵的补贴方式

农业信贷补贴论认为，政府干预可以在一定程度上弥补市场失灵带来的不足。具体的补贴方式有以下几个方面。

第一，直接财政补贴。政府通过财政预算安排，直接向农户或农村企业提供资金补贴，旨在减轻其贷款负担。这不仅包括降低贷款利率，还可能涉及提供无息或低息贷款，以确保农业经营者能够以较低成本获得必要的资金支持，从而增加农业投资，提升生产效率。

第二，设立担保和保险项目。由于农业生产具有自然灾害频发、市场波动大等特殊性，导致农业贷款风险较高。政府通过设立农业贷款担保基金或农业保险项目，为金融机构分担部分风险，增强其向农业领域提供信贷支持的意愿和能力。这样，即便面对不利条件，农户和农村企业也能更容易地获得贷款，确保农业生产的连续性和稳定性。

第三，政策性贷款支持。政府通过设立或指定政策性银行及其他特定金融机构，专门负责向农业部门提供具有优惠条件的贷款，如低利率、长期限等。这类贷款通常具有明确的政策导向，旨在鼓励特定农业项目的发展，或解决农业领域普遍存在的融资难题，从而推动农业产业结构的调整和升级。

（二）不完全竞争市场理论

不完全竞争市场理论是经济学中的一个重要概念，它描述的是市场中竞争程度并非完全充分的情况。不完全竞争市场理论的核心在于理解市场中的垄断力量、信息不对称以及进入壁垒等因素如何影响市场竞争的均衡状态。在这些因素的影响下，市场中的企业可能既无法实现规模经济、降低生产成本，也无法有效传递价格信号和进行资源配置。

第一，垄断力量。在垄断市场中，少数企业拥有控制市场价格的能力，这使得它们可以通过限制产量、提高价格等手段来获取超额利润。这种垄断力量可能源自企业的技术优势、资源独占、品牌效应等方面。然而，垄断力量也会带来一系列问题，如价格歧视、市场分割、消费者福利受损等。

第二，信息不对称。在信息不对称的市场中，消费者和生产者之间缺乏充分的信息交流，导致消费者难以做出理性的购买决策，生产者难以有效地组织生产和销售活动。这种信息不对称可能导致市场出现逆向选择和道德风险等问题，进而影响市场的正常运行。

第三，进入壁垒。进入壁垒指的是新企业进入市场时面临的困难和限制，这些困难可能来自技术、资金、法律等方面。虽然进入壁垒的存在使得市场中的现有企业能够保持一定的市场份额和利润水平，但也限制了市场的竞争活力和创新能力。

（三）农村三维金融理论

农村三维金融理论是一个全面而深入的理论框架，它旨在通过"三维"视角——时间维度、空间维度和功能维度，对农村金融问题进行系统分析并提出解决方案。

从时间维度来看，农村三维金融理论注重研究农村金融的动态发展和变化过程。包括金融机构的历史演变，以及它们如何在时代浪潮中不断调整和发展自身。同时，该理论也关注金融产品的创新发展，探讨新产品如何满足农村市场的特殊需求，进而推动农村金融市场的持续进步。此外，金融政策的调整变化也是时间维度研究的重要内容，通过政策分析，我们可以更好地理解农村金融的长期发展趋势和阶段性特点。

从空间维度来看，农村三维金融理论关注农村金融在不同区域和地理空间上的差异性和不平衡性。农村金融市场的发展水平和特点因地区而异，有的地区金融市场发达，金融服务丰富；而有的地区则金融市场相对落后，金融服务有限。因此，农村三维金融理论强调要针对不同区域的具体情况，采取差异化的金融政策和措施，以实现金融市场的平衡发展和整体优化。

从功能维度来看，农村三维金融理论主要研究农村金融的多功能性和多样化服务。农村金融不仅需要提供资金融通服务，帮助农户和农村企业解决资金问题，还需要提供风险管理服务，帮助农户和企业降低经营风险。同时，财富管理、支付结算等多样化服务也是农村金融的重要组成部分。通过提供多样化的金融服务，农村金融可以满足农户和农村企业的多元化需求，促进农村经济的繁荣和发展。

第二节　农村金融市场与金融体系

一、农村金融市场

金融市场是资金供应者和资金需求者双方通过信用工具进行交易以融通资金的场所。农村金融市场是农村金融主体通过一定机制将农村金融资源提供给农村经济的主体，为农村经济发展提供支持的市场。农村金融市场是金融体系的一部分。

（一）农村金融市场论

农村金融市场论主要研究农村金融市场的结构、功能和运作机制。

第一，市场结构。农村金融市场的结构是指市场中的参与者及其相互关系。在农村金融市场中，主要参与者包括农户、农村企业、金融机构和政府等。其中，金融机构扮演着中介角色，负责将储蓄者的资金转移给需要资金的借款者。

第二，市场功能。农村金融市场的主要功能包括资金融通、风险分散、资源配置和价格发现。通过金融市场，农户和农村企业可以获取所需资金，以支持农业生产和投资。同时，金融市场通过分散风险，降低农业生产的不确定性，促进农业和农村经济的发展。

第三，市场运作机制。农村金融市场的运作机制主要包括供求机制、价格机制和竞争机制。其中，供求机制决定了金融市场上的资金供给和需求；价格机制通过利率调整，实现资金的有效配置；竞争机制则通过市场竞争，提升金融服务的质量和效率。

（二）农村金融市场的特征

农村金融市场作为一个重要的经济领域，具有独有的特征。这些特征不仅体现在需求方面，也体现在供给方面。

1. 需求特征

第一，金融需求数量扩大。随着农村经济的发展和农民生活水平的提高，农村金融需求呈现出数量扩大化的趋势。农民在生产、生活中对资金的需求日益增加，如购买农资、扩大生产规模、改善生活条件等都需要金融机构提供相应的金融服务。

第二，金融需求主体多元化。农村金融市场的需求主体不仅包括传统的农户和农业企业，还包括农村合作社、家庭农场等新型农业经营主体。这些主体的涌现使得农村金融市场的需求更加多元化。

第三，金融服务需求全面化。随着农村经济结构的调整和农业现代化的推进，农民对金融服务的需求越来越全面。除了传统的存贷款服务外，农民还需要农业保险、投资理财、支付结算等全方位的金融服务。

第四，金融工具需求多样化。为满足不同主体的金融需求，农村金融市场对金融工具的需求也日益多样化。债券、股票、基金等金融工具在农村金融市场中的应用逐渐增多，为农民提供了更多的投融资渠道。

2. 供给特征

第一，农村金融市场供给具有地域性。由于农村地区广袤且分散，金融机构在提供服务时需要考虑地理位置因素。因此，农村金融机构往往呈现出地域性的布局特征，以满足当地农民的金融需求。

第二，服务提供者种类繁多。除了常见的商业银行外，政策性银行、农村合作金融机构以及小额贷款公司等多种金融机构也为农民提供金融服务。

第三，金融产品和服务创新不足。尽管农村金融市场需求日益多样化，但当前农村金融市场的产品和服务创新仍显不足。许多金融机构仍然局限于传统的存贷款业务上，缺乏针对农民实际需求的创新产品和服务。

第四，政策导向明显。农村金融市场的供给深受国家政策的影响。政府通过制定一系列金融政策和措施来引导和支持农村金融市场的发展，如提供财政补贴、税收优惠等，以鼓励金融机构加大对农村金融市场的投入力度。

（三）农村金融市场的主体与客体

农村金融市场的主体主要包括各类金融机构，如商业银行、政策性银行、农村合作金融机构等。这些机构在农村金融市场中扮演着资金供给者的角色，为农民和农业企业提供金融服务。此外，一些非银行金融机构，如保险公司、证券公司等，也在农村金融市场中发挥着重要作用。

农村金融市场的客体则主要是农户、农业企业和其他农村经济组织。他们是金融市场上的资金需求者，通过金融机构获取资金支持，以满足生产、生活中的各种需求。同时，他们也是金融产品和服务的消费者，会对金融机构提供的服务进行评价和选择。

主体与客体之间的互动关系构成了农村金融市场的基本运行框架。金融机构作为资金供给者，需要密切关注农户和农业企业的实际需求，提供符合市场需求的金融产品和服务。而农户和农业企业作为资金需求者和消费者，也需要积极关注市场动态，选择适合自己的金融产品和服务。

（四）农村金融市场的作用

第一，农村金融市场在支持农民和农业企业方面发挥着至关重要的作用。它不仅为农民提供必要的资金支持，帮助他们购买种子、肥料和其他生产资料，还为农业企业提供贷款，以扩大生产规模、改进生产技术。这些举措显著提升了农业生产的效率增加了产量，从而推动了农村经济的发展。例如，通过引入现代化农业机械和灌溉系统，农民可以更有效地管理农田，减少人力成本，增加单位面积的产出。此外，农村金融市场还通过提供信贷支持，帮助农民和农业企业进行产品加工和市场拓展，进一步增加了农民的收入，提高了他们的生活水平。

第二，农村金融市场在促进资金合理配置和流动方面起到了积极作用。金融市场的调节机制能够确保资金流向那些具有更高生产效率和更好市场前景的农业项目和地区。例如，通过农村金融机构的贷款和投资，一些地区得以发展特色农业，如有机农业和生态旅游农业。这些项目不仅提高了当地农民的收入，还吸引了外部投资，促进了当地经济的多元化发展。此外，金融市场还通过提供多样化的金融产品和服务，如债券和股票，为农业项目筹集资金，进一步优化了资源配置。

第三，农村金融市场在推动农村金融服务普及和提升方面扮演了重要角色。随着金融市场的不断发展和完善，越来越多的农民和农业企业能够享受到便捷、高效的金融服务。例如，通过移动支付和互联网银行，农民可以轻松地进行资金转账、支付账单和申请贷款，这极大地提高了他们的生活便利性。同时，农村金融机构还提供金融知识教育服务，帮助农民更好地理解和利用金融产品，提升他们的金融素养。这些服务不仅提高了农民的生活质量，也为农村经济的可持续发展提供了有力支持。

第四，农村金融市场在管理和防范风险方面发挥了重要作用。通过提供农业保险等金融服务，农村金融市场帮助农民和农业企业有效应对自然灾害、市场波动等风险，降低了经济损失。例如，农业保险可以覆盖作物因干旱、洪水或病虫害而造成的损失，确保农民在遭受自然灾害时仍能维持基本的生活和生产活动。此外，金融市场还通过期货和期权等衍生品市场，为农民提供价格风险管理工具，帮助他们锁定农产品的未来售价，降低了市场波动带来的不确定性。这些风险管理措施对于保障农民的收入稳定和农业的可持续发展至关重要。

二、农村金融体系

农村金融体系通常是指由农村各种金融机构及其活动所构成的有机整体。"完善和发展农村金融体系，对社会主义新农村建设十分重要。它对于推进农村经济社会发展、维护农村稳定、建设社会主义和谐社会起着关键作用。"[①]

（一）农村金融体系的构成

我国农村金融体系由政策性金融、商业金融与合作金融分工协作，共同构成农村金融格局。

1. 农业政策性金融

农业政策性金融是指为贯彻政府社会经济政策或意图，不以商业性标准为导向，以国家信用为基础，在农业及相关领域从事资金融通，支持、保护农业生产，促进国民经济协调发展和农民收入稳定增加的一种特殊金融活动。

---

① 黄于幸. 浅析中国农村金融市场体系存在的问题及对策 [J]. 中国市场，2024（12）：39.

政策性金融的经营不以营利为目的，采用信贷配给制的经营模式，银行按照政策规定或需求提供贷款，其业绩根据其发放的贷款是否能满足政府规定的业务范围内的资金需求来决定，而不是由贷款的运作效益或贷款的回收率来衡量。政策性金融的经营方向具有政策性，其目标是非营利性的，且针对特定业务领域，不与商业性金融机构进行市场竞争。其服务领域或对象通常是那些需要巨额、长期和低息贷款支持的项目或企业。

2. 农村商业金融

农村商业金融是指在农村地区进行的商业性金融活动，包括各种金融机构在农村地区提供的金融服务，如贷款、存款、结算等。这些金融服务旨在满足农村居民和企业的资金需求，促进农村经济的发展。

农村商业金融的主要类型包括大型商业银行、农村合作金融机构以及新型农村金融机构。这些机构各有特点，如大型商业银行资金实力雄厚，业务范围广泛；农村合作金融机构则更注重社区内部的金融互助。

农村商业金融在促进农村经济发展方面发挥着重要作用。它通过提供贷款和其他金融服务，帮助农民解决生产资金短缺问题，支持农业现代化和农村产业升级。此外，农村商业金融还有助于缩小城乡差距，提高农村居民的生活水平。

农村商业金融面临的挑战包括服务覆盖面小、金融产品创新不足、风险管理能力有待提升等。为应对这些挑战，农村商业金融需要加强基础设施建设，提升服务质量，创新金融产品，并加强风险控制。同时，政策制定者和金融机构可以通过制定优惠政策、提供技术支持等方式，促进农村商业金融的健康发展。

3. 农村合作金融

农村合作金融是指按照国际通行的合作原则，以股金为资本、以入股者为服务对象、以基本金融业务为经营内容而形成的金融活动和组建的金融合作组织。合作金融的思想起源可追溯至远古时期的互助合作理念，随着工业革命和市场经济的发展，合作金融逐渐成为一种正式的金融组织形式。虽然我国合作金融的发展起步较晚，但发展迅速。政府在农村地区广泛推行农村信用社制度。这一制度在促进农业发展、改善农民生活等方面发挥了重要作用。合作金融的核心和基础是合作制原则，合作金融具备自愿性、互助性、民主性和非营利性等特点。合作金融组织的首要服务对象是入股合作的各个成员，其基本目标是促进成员的经济发展。合作金融通过为社员提供灵活而优惠的储蓄存款、贷款、结算及其他金融服务，促进成员的经济发展和社会进步。此外，合作金融还能促进城乡中小企业发展，帮助城乡贫困居民实现富裕，以及推动城乡不发达社区走向现代化。

（二）农村金融体系的特征

第一，农村金融体系具有地域性。由于农村经济活动的分散性和地域差异，农村金融体系也呈现出明显的地域特征。不同地区的农村金融市场、金融机构、金融产品与服务，以及法律法规和监管机制等方面都可能存在较大差异。这种地域性特征要求农村金融在发展时，必须充分考虑当地的经济、社会和文化背景，制定符合当地实际情况的金融政策和措施。

第二，农村金融体系具有季节性。由于农业生产活动的季节性，农村资金需求也呈现出明显的季节性波动。在农作物种植和收获季节，农民和农村企业需要大量的资金用于生产和经营；而在农作物销售季节，他们则会有大量的资金回流。这种季节性特征要求农村金融机构在资金安排上要具有预见性和灵活性，以满足农民和农村企业的季节性资金需求。

第三，农村金融体系具有政策性。农业是国民经济的基础产业，农村经济的发展对于国家整体经济发展具有重要意义。因此，国家在制定农村金融政策时，往往会给予一定的政策倾斜和扶持。例如，设立政策性银行、提供财政补贴、实施税收优惠等措施可以引导金融资源向农村地区流动，支持农村经济发展。这种政策性特征使得农村金融体系在发展过程中具有更强的政策导向性和更明显的政府干预性。

第四，农村金融体系具有风险性。由于农村经济活动的复杂性和不确定性，农村金融体系面临着多种风险挑战。例如，自然灾害、市场波动、政策调整等因素都可能对农村金融市场和金融机构造成冲击。因此，农村金融机构在经营过程中需要更加注重风险管理，建立完善的风险防控机制，以提高自身的抗风险能力。

（三）农村金融体系的功能

1. 资源配置功能

农村金融体系的核心功能之一是优化资源配置，通过市场化机制引导金融资源流向农村各生产领域。在农业供给侧结构性改革的大背景下，农业提质增效与适度规模化发展迫切需要信贷、保险、担保等多元化金融产品的协同配合。例如，"保险＋期货"模式的创新试点成功地将保险产品与期货工具相结合，有效分散了农产品市场价格波动带来的风险，为农业生产者提供了稳定的生产预期。同时，为推动农业现代化与一二三产业的融合发展，我们积极鼓励涉农企业参与资本市场，加强农产品期货期权市场建设，进一步拓宽融资渠道，提升农业产业的整体竞争力。

2. 风险管理功能

鉴于农业生产同时面临自然风险与市场风险的双重挑战，农村金融体系的风险管理功能显得至关重要。然而，传统的抵押及抵押替代方式已难以满足现代农业发展的需求，取而代之的是对融资项目未来现金流的评估与管理。通过引入城市商业银行成熟的小微企业信贷技术，如 IPC 技术和信贷工厂技术，并充分利用互联网、大数据等新兴技术手段，显著提高了信息精准度与传递效率，降低了信息获取成本，全面提升了授信及风险管理的效能。这样，金融机构就能在风险可控的前提下，为农村经济发展提供有力支持。

第三节　农村金融服务的产品类型

在农村金融的广阔领域中，各类金融服务产品发挥着关键作用，它们是推动农村经济发展、满足农村金融需求的重要支撑。本节将深入探讨农村金融服务的主要产品类型，包括农户小额贷款、农村承包土地经营权和农民住房财产权抵押贷款、农业保险、农产品期货交易等，并分析它们的特点、运作机制及在农村金融体系中的重要意义。

一、农户小额贷款

农户小额贷款在促进农村经济发展、助力农民脱贫致富方面发挥着不可替代的作用。在我国，小额信贷经历了从国际援助机构扶贫项目试点到政府大力推广的过程，如今已成为农村金融服务的重要手段之一。

（一）农户小额贷款的特征

农户小额贷款是一种以城乡低收入阶层为主要服务对象的小规模金融服务方式，其核心目的是为贫困农户或微型企业提供自我就业和自我发展的机会，促进它们的自我生存和发展。农户小额贷款具有以下显著特征。

第一，服务对象特定。主要面向广大工商个体户、小作坊、小业主以及从事农业生产的农户等低收入群体。这些客户通常缺乏充足的抵押品和正规的财务文件，但有着迫切的资金需求以支持其生产经营或改善生活。

第二，贷款额度与期限灵活。额度通常根据当地经济状况、借款人的还款能力以及贷款用途等因素综合确定。农户小额贷款的期限较短，通常与农业生产周期或小微企业的经营周转周期相契合，以确保贷款资金能够被有效利用并按时偿还。

第三，以信用贷款为主。借款人一般不需要提供抵押品或第三方担保，仅凭自己的信誉就能获得贷款。金融机构在发放贷款时，会对借款人的信用程度进行详细评估，包括其个人品德、生产经营能力、还款历史等方面，以此作为判断还款能力的依据。虽然这一特点使得更多低收入者能够获得金融支持，但也对金融机构的风险评估和管理能力提出了较高要求。

第四，组织设计融合多种方式的优势。在组织设计方面，农户小额贷款融合了民间非正规信贷和银行等正规信贷方式的优点。一方面，它像民间信贷一样，注重与用户建立紧密而亲切的关系，通过确定方便的交易时间和地点、进行参与性的监测等方式，增强用户的信任，降低交易费用和管理费用；另一方面，它又具备银行等正规机构管理的规范性和严密性，通过精密的组织和严格的管理，在不需要担保的条件下，为低收入者提供信贷服务，有效降低风险。金融机构会建立完善的贷款审批流程、风险评估体系和贷后管理制度，确保贷款资金的安全。

第五，可持续发展目标明确。以市场经济为基本运行环境，将实现机构操作与经济层面的可持续发展作为明确目标。这意味着贷款利率和其他收费能够抵消机构的资金成本和管理费用支出，这与扶贫贷款中的贴息或免息有所不同。通过合理定价，金融机构能够在为低收入群体提供金融服务的同时，保持自身的财务稳定性，从而实现长期稳定的运营，持续为农村金融市场提供支持。

第六，贷款过程公开透明。贷款项目的选择、发放、回收等活动处于公开状态，参入贷款的低收入者能够相互进行平等的监督。这种公开透明的机制有助于防止内部违规操作和腐败行为的发生，同时增强了借款人的还款责任感。例如，在一些小组联保贷款模式中，小组成员之间相互了解、相互监督，共同承担还款责任，如果有成员出现违约行为，其他成员会积极协助金融机构追讨欠款，以维护小组的信用和自身的贷款权益。

（二）农户小额贷款的基本条件与申请证明材料

1. 农户小额贷款的基本条件

第一，身份要求。借款人必须是中国大陆居民，这是确保贷款合法性和可追溯性的基础条件。

第二，居住与经营。借款人要有稳定的住址和工作或经营地点。其中，稳定的居住环境和经营场所表明借款人具有一定的生活和生产基础，有利于金融机构评估其还款能力和信用风险。对于农户而言，通常要求其在当地长期居住，并从事农业生产或相关经营活动；对于工商个体户等，则要求其有固定的经营场所和相对稳定的经营业务。

第三，收入来源。借款人需具备稳定的收入来源，这是借款人能够按时偿还贷款本息的关键保障。收入来源可以是农业生产收入、个体经营收入、工资收入等，但必须具有一定的持续性和稳定性。金融机构会通过调查借款人的生产经营状况、收入流水、销售合同等方式来核实其收入情况。

第四，信用记录。无不良信用记录是获得贷款的重要前提。金融机构会查询借款人的征信报告，了解其过往的信用行为，包括是否按时偿还其他债务、有无逾期或违约记录等。信用记录良好的借款人更有可能获得贷款支持，并且在贷款额度、利率等方面可能享受更优惠的条件。

2. 农户小额贷款的申请证明材料

第一，身份证明。借款人需提供如身份证、居住证、户口簿、结婚证等证件。这些信息用于证明借款人的身份和家庭关系，确保贷款对象的真实性和合法性。

第二，住址证明。借款人需提供包括房屋租赁合同、水电费缴纳单、物业管理费缴纳凭证等相关证明。通过这些材料，金融机构可以核实借款人的居住地址，了解其居住稳定性，并在一定程度上评估其生活成本和经济状况。

第三，收入证明。借款人需提供如银行流水单、劳动合同等材料。这些证明材料是金融机构评估借款人还款能力的重要依据。其中，银行流水单可以反映借款人的资金收支情况，劳动合同则表明其工作收入的稳定性。对于从事农业生产的农户，如果没有银行流水单，金融机构可能参考其农产品销售记录、农业补贴收入等相关证明来确定其收入水平。

二、农村承包土地经营权和农民住房财产权抵押贷款

随着农村经济的发展和农村金融改革的深入，农村承包土地经营权和农民住房财产权抵押贷款应运而生，成为农村金融领域的一项重要创新。这一创新举措旨在盘活农村资产，为农业生产和农村经济发展提供更多资金支持。

（一）抵押贷款的基本原则

农村承包土地（指耕地）的经营权和农民住房财产权（以下统称"两权"）抵押贷款有以下四个基本原则。

第一，依法有序原则。"两权"抵押贷款试点要严格遵循法律法规和政策要求，确保试点工作在法律框架内进行。对于涉及被突破的相关法律条款，应按照规定提请全国人大常委会授权在试点地区暂停执行，以保证试点的合法性和规范性。这一原则体现了对法律的尊重和维护，确保农村金融创新与法治建设相协调。

第二，自主自愿原则。充分尊重农民意愿是该政策的核心要点之一。"两权"抵押贷款由农户等农业经营主体自主申请，农民群众是真正的知情者、参与者和受益者。在流转土地的经营权抵押方面，须经承包农户同意，且抵押范围仅限于流转期内的收益。金融机构应在财务可持续的基础上，按照有关规定自主开展"两权"抵押贷款业务，确保各方的自主选择权和合法权益得到充分保障。

第三，稳妥推进原则。在维护农民合法权益的前提下，试点工作需要谨慎处理好农民、农村集体经济组织、金融机构、政府之间的复杂关系。要充分考虑农村经济社会的实际情况和可能面临的风险，避免因推进过快而引发新问题。通过逐步探索和实践，我们可以积累经验，确保试点工作能够平稳、有序地进行，实现农村金融创新与农村社会稳定的平衡发展。

第四，风险可控原则。坚守土地公有制性质不改变、耕地红线不突破、农民利益不受损的底线是试点工作的重要保障。为实现风险可控，需完善试点地区的确权登记颁证、流转平台搭建、风险补偿和抵押物处置机制等配套

政策。建立健全这些配套政策可以有效防范、控制和化解可能出现的风险，确保试点工作的顺利实施和农村金融市场的稳定运行。

（二）农村承包土地经营权抵押贷款

农村承包土地的经营权抵押贷款是指以承包土地的经营权作为抵押，由银行业金融机构（贷款人）向符合条件的承包方农户或农业经营主体发放的、在约定期限内还本付息的贷款。其特点主要体现在以下几个方面。

第一，抵押物特殊。农村承包土地的经营权作为抵押物，是对传统抵押物范围的突破。其价值评估需要综合考虑土地的地理位置、土壤肥力、种植作物品种、土地流转市场行情等多种因素。同时，土地经营权的流转期限、流转方式等因素也会影响其抵押价值。

第二，政策支持与风险防控相结合。政策鼓励贷款人对诚实守信、有政府贴息或农业保险等增信手段支持的借款人适当提高贷款抵押率，这既体现了政策对金融资源向农业领域倾斜的引导，又体现了对通过增信措施降低金融机构风险的重视。同时，贷款人针对借款人需求，积极创新信贷产品和服务方式，简化贷款手续，提高贷款的可得性和便利性。在风险防控方面，当借款人不履行到期债务，或按借贷双方约定的情形需要依法行使抵押权时，贷款人可依法采取贷款重组、按序清偿、协议转让、交易平台挂牌再流转等多种方式处置抵押物，其收益由贷款人优先受偿。这种多元化的处置方式为金融机构提供了更多的风险化解途径，保障了金融机构的合法权益。

（三）农民住房财产权抵押贷款

《农民住房财产权抵押贷款试点暂行办法》规定，农民住房财产权抵押贷款是指在不改变宅基地所有权性质的前提下，以农民住房所有权及所占宅基地使用权作为抵押，由银行业金融机构（贷款人）向符合条件的农民住房所有人（借款人）发放的、在约定期限内还本付息的贷款。其特点主要体现在以下几个方面。

第一，产权性质特殊。在不改变宅基地所有权性质的前提下进行抵押，这充分考虑到农村宅基地的特殊性质和农民的基本居住权益。农民住房财产权抵押贷款既要满足农民的融资需求，又要确保农民的基本居住权不受侵害。在抵押物处置方面，需遵循严格的法律程序和政策规定，受让人范围原则上应限制在相关法律法规和国务院规定的范围内。

第二，风险补偿与政策扶持。为鼓励金融机构开展此项业务，政策鼓励试点地区政府设立农民住房财产权抵押贷款风险补偿基金，用于分担因自然灾害等不可抗力造成的贷款损失，并保障抵押物处置期间农民的基本居住权益。同时，政府还可根据地方财力，对农民住房财产权抵押贷款给予适当贴息，以增强贷款人放贷的激励。此外，政府性担保公司提供担保等方式可以为农民住房财产权抵押贷款主体融资增信，进一步降低金融机构的风险，提高金融机构的参与积极性。

三、农业保险

农业作为国民经济的基础产业，面临着自然风险、市场风险等多种不确定性因素的影响。农业保险在分散农业风险、保障农民利益、促进农业稳定发展方面具有不可替代的作用。

（一）农业保险的特点

1. 涉及范围广

农业保险的业务范围广泛，无论是种植业保险还是养殖业保险，都需要大规模或大面积地投保与承保。在农业生产过程中，各种自然灾害如洪涝、干旱、台风、霜冻等，以及疫病、火灾、偷盗等意外事故都可能导致农作物或畜禽遭受损失。因此，农业保险需要涵盖众多的风险类型和地域范围。例如，在我国的粮食主产区，每年都面临着不同程度的自然灾害风险，农业保险需要为大面积种植的小麦、水稻、玉米等农作物提供保险保障。这就要求经营农业保险的机构具备雄厚的经济实力和广泛的服务网络，能够在灾害发生时迅速投入大量的人力、物力和财力进行查勘定损和理赔工作。同时，需要具备拥有农业生产技术背景的经营人才，以便准确评估损失和制定合理的理赔方案。在一些大型农业保险理赔案件中，保险公司需要组织专业的农业技术人员和理赔人员深入田间地头或养殖场，对受灾情况进行详细调查和评估，确保理赔的准确性和公正性。

2. 受多重风险制约

农业生产受自然条件的影响极大，其劳动对象是有生命的动植物，这使得农业保险面临多重风险的制约。其中自然风险是农业保险中最主要的风险因素，如恶劣的天气条件、病虫害的暴发等。这些风险具有不可预测性和突发性，往往会给农业生产带来严重损失。例如，一场突如其来的暴雨可能导致农作物大面积受灾，产量锐减。同时，社会风险如农产品市场价格波动、政策调整等也会对农业保险产生影响。当农产品价格大幅下跌时，即使农作物产量正常，农民的收入也可能受到影响，从而增加农业保险的赔付风险。此外，道德风险也是农业保险中不容忽视的问题。部分农民可能在购买保险后，故意不认真耕种或不注重田间管理，甚至出现虚报损失等欺诈行为，企图获取保险赔偿。为应对这些风险，农业保险公司需要提高风险评估和管理能力，建立科学的风险预警机制，同时加强对投保人的教育和监督，防范道德风险的发生。

3. 经营投入大、赔付率高

农业生产野外分散作业的特点以及农民居住的分散性使得农业保险的经营成本大幅增加。保险机构需要投入大量的人力和物力进行展业、承保、查勘定损和理赔等工作，且农业致损的理赔需要专门技术，如对农作物受灾程度的评估、畜禽疫病的诊断等，这进一步提高了经营成本。同时，由于农业生产面临的风险极高，损失率相对较高，导致农业保险的赔付率处于较高水平。在一些灾害频发的年份，农业保险公司可能面临巨额的赔付压力，甚至出现亏损情况。为维持农业保险业务的稳定发展，政府通常会通过财政补贴、税收减免等政策措施给予扶持。例如，政府对农业保险保费给予一定比例的补贴，降低农民的投保成本，同时对保险公司的经营费用和税收进行减免，提高保险公司的经营积极性。

4. 运营难度大

与其他保险产品相比，农业保险在宣传推广、市场调研、渠道拓展、客户关系维护等方面的难度较大。一方面，农民的保险意识相对淡薄，对农业保险的认知和接受程度较低。他们往往认为购买保险是一种额外支出，且对保险的理赔流程和保障范围存在疑虑。另一方面，农民的经济承受能力较弱，在收入有限的情况下，会优先考虑满足生产和生活的基本需求，对农业保险的购买意愿不强。因此，农业保险机构需要投入更多的精力和资源进行市场推广和宣传教育，以增强农民的保险意识和投保意愿。例如，农业保险机构通过举办农业保险知识讲座、发放宣传资料、深入农村社区进行讲解等方式，向农民普及农业保险的重要性和作用，同时简化投保手续和理赔流程，提升服务质量，增强农民对农业保险的信任。

（二）农业保险的类型划分

1. 按照农业种类划分

按照农业种类，农业保险可划分为种植业保险和养殖业保险。其中，种植业保险主要针对农作物栽培过程中的风险。包括粮食作物保险，如小麦保险、水稻保险等，经济作物保险如棉花保险、油菜保险、烟草保险等，以及蔬菜、水果、林木等其他作物保险。这些保险产品保障农作物在生长过程中由于自然灾害、病虫害等原因导致的产量损失或质量下降。例如，在小麦保险中，如果小麦在生长期间遭受干旱、洪涝、倒伏等灾害，导致产量减少，保险公司将按照合同约定进行赔偿。养殖业保险则主要保障畜禽饲养和水产养殖过程中的风险。包括大牲畜保险如奶牛保险、耕牛保险等，小牲畜保险如生猪保险、绵羊保险、山羊保险等，家禽保险如养鸡保险、养鸭保险等，以及水产养殖保险如养鱼保险、养虾保险、养蟹保险等。畜禽养殖保险是当动物由于疫病、自然灾害、意外事故等原因死亡或伤残时，保险公司会给予相应赔偿，以帮助养殖户减少损失。

2. 按照危险性质划分

按照危险性质，农业保险可分为四大类：自然灾害损失保险、病虫害损失保险、疾病死亡保险和意外事故损失保险。

（1）自然灾害损失保险。自然灾害损失保险主要针对农业生产过程中可能遭受的洪水、干旱、台风、地震等自然灾害造成的损失进行赔偿。这类保险为农户在遭遇不可预测的自然灾害时提供风险保障，确保农业生产的稳定。

（2）病虫害损失保险。病虫害损失保险专注于农作物或畜禽因病虫害如虫害、瘟疫等侵袭而产生的损失。这种保险有助于减轻农户因病虫害带来的经济损失，保障农业生产的持续进行。

（3）疾病死亡保险。疾病死亡保险主要针对畜禽养殖过程中可能因疾病导致的死亡风险，为养殖户提供经济保障，减少因疾病造成的损失。疾病死亡保险主要聚焦于畜牧养殖领域。在畜禽养殖过程中，动物疾病的传播往往难以防范。禽流感、口蹄疫等烈性传染病一旦暴发，可能导致大量的家禽、家畜患病死亡。对于养殖户来说，这无疑是巨大的经济损失。疾病死亡保险的存在，就是为了在这种情况下给予养殖户经济补偿。当养殖户的畜禽因疾病死亡达到一定比例时，保险公司会按照合同约定进行赔付。这不仅能够帮助养殖户减少损失，还能在一定程度上稳定畜牧养殖行业的发展，避免因大规模疫情导致养殖户纷纷破产，从而保障市场上畜禽产品的稳定供应。

（4）意外事故损失保险。意外事故损失保险涵盖农业生产过程中可能发生的火灾、爆炸、交通事故等意外事件所造成的损失。这类保险为农户在面临突发意外时提供经济支持，有助于快速恢复生产。

这种按照危险性质分类的农业保险体系不仅有助于保险机构更精确地评估风险、合理制定保险条款，而且便于农户根据自身面临的主要风险，选择最合适的保险产品。这样一来，既提高了保险的针对性和实用性，也促进了农业保险市场的健康发展，为我国农业现代化提供了有力保障。

3. 按照保险责任范围划分

按照保险责任范围，农业保险可清晰地划分为基本责任险、综合责任险和一切险。

（1）基本责任险。基本责任险主要针对农业生产过程中最为常见且基础的风险提供保障。例如，对于农作物因特定自然灾害如暴雨、干旱等导致的减产或绝收，在符合保险条款约定的情况下，保险公司给予相应的赔偿。其保障范围相对狭窄，但能在一定程度上缓解农户面临的基础风险压力。

（2）综合责任险。综合责任险在基本责任险的基础上进行拓展，除涵盖常见自然灾害外，还包括一些较为常见的病虫害侵袭等风险。当农作物遭受病虫害影响生长发育，进而影响产量时，综合责任险能够发挥作用，为农户提供经济补偿。其保障范围更为广泛，能更好地应对农业生产中多种风险的交织情况。

（3）一切险。一切险提供最为全面的保障，几乎囊括农业生产过程中可能遭遇的所有风险。无论是自然因素、病虫害，还是其他意外事件等，只要符合保险合同的规定，被保险人都能获得相应赔偿。这种分类方式使得农户能够根据自身的风险承受能力和农业生产的实际需求，选择合适的农业保险产品，为农业生产活动提供保障。

4.按照赔付办法划分

按照赔付办法，农业保险可划分为种植业损失险和收获险。

（1）种植业损失险。种植业损失险是一种农业保险，主要关注的是农作物在生长期间可能遭受的各种灾害或意外事故，如洪水、干旱、冰雹、病虫害等，这些灾害或意外事故都可能导致农作物受损。一旦发生这些情况，保险公司会根据农作物实际遭受的损失程度进行赔偿。赔偿的金额通常与农作物损失的产量或因此增加的成本直接相关，目的是帮助农民减轻因自然灾害或意外事件带来的经济损失。

（2）收获险。收获险是一种专门针对农作物收获后的保险产品。它主要保障的是农作物在收获、储存、运输等环节可能遭受的损失。这些损失可能包括但不限于火灾、盗窃、霉变、污染等意外情况。收获险的目的是确保农民在农作物成熟后，即使遇到不幸的事件，也能得到一定的经济补偿，从而保障他们收入的稳定，减轻因意外损失带来的经济压力。这种分类方式适应农业生产不同阶段的风险特点，为农户提供了更具有针对性的风险保障。

四、农产品期货交易

农产品期货是以农产品为标的物的期货合约，在期货市场上进行交易。农产品期货交易作为现代金融市场的重要组成部分，在农业生产和农产品市场中发挥着重要的价格发现、风险管理和资源配置功能，对于推动农业产业升级和提高农业竞争力具有重要意义。

（一）农产品期货的功能

农产品期货的功能主要包括价格发现和风险管理。

在价格发现方面，农产品期货市场通过集合竞价的方式，汇聚众多市场参与者，包括农业生产者、加工商、贸易商、投资者等。这些参与者根据各自对农产品市场供求关系、生产成本、预期利润等因素的判断，在期货市场上进行报价和交易。这些交易活动形成的期货价格能够反映市场参与者对未来农产品价格的预期，为农业生产者、加工商、贸易商等提供重要的价格信号，指导其生产经营决策。例如，农产品加工企业可以根据期货市场的价格走势，提前确定原材料采购计划和产品销售价格，合理安排生产规模，降低市场价格波动带来的风险。

在风险管理方面，农产品期货市场为农业生产者提供了一种有效的套期保值工具。农业生产者可以通过在期货市场上进行与现货市场方向相反的买卖操作，锁定未来的销售价格，规避价格波动风险，从而保障生产收益的稳定性。比如，种植小麦的农户预计未来小麦在收获时市场价格可能下跌，那么他可以在期货市场上卖出相应数量的小麦期货合约。如果收获时小麦价格下跌，其在现货市场上的损失可以通过期货市场的盈利得到弥补；反之，如果小麦价格上涨，虽然他在期货市场上会有一定损失，但现货市场的高价销售会增加收益，从而实现整体收益的稳定。

（二）农产品期货的特征

1. 农产品期货的市场特征

第一，季节性波动明显。农产品的生产和消费具有明显的季节性特征，这导致农产品期货价格在不同季节呈现出较大的波动性。例如，在农产品收获季节，市场供应大量增加，期货价格往往面临下行压力；而在种植季节或消费旺季，市场需求相对旺盛，期货价格可能上涨。这种季节性波动要求市场参与者密切关注农产品的生长周期和市场供求变化，合理调整交易策略。

第二，受政策影响大。农产品作为国计民生的重要物资，其生产和流通往往受到政府政策的严格监管。政府的农业补贴政策、进出口政策、收储政策等都会对农产品期货市场的价格波动产生重要影响。例如，政府提高农产品最低收购价格或增加农业补贴，可能提高市场对农产品价格的预期，推动期货价格上涨；而扩大农产品进口或增加储备投放则可能对期货价格形成抑制作用。

第三，交割机制特殊。与其他期货品种相比，农产品期货的交割机制更为复杂。由于农产品的生物属性和易腐性，其交割过程需要考虑仓储、运输、质检等多个环节。在交割时，须确保农产品的质量符合标准，这要求有专业的质检机构和严格的质检流程。同时，农产品的仓储和运输条件也会影响交割成本和交割的可行性，因此需要合理安排仓储设施和规划运输路线，以保证农产品在交割过程中的质量和数量。

第四，参与者多元化。农产品期货市场的参与者不仅包括农业生产者、加工商、贸易商等产业链上的主体，还包括金融机构、投资者等。这种多元化的参与者结构使得农产品期货市场的交易更为活跃，价格发现功能更为有效。金融机构和投资者的参与可以为市场带来大量的资金和专业的投资策略，提高市场的流动性和效率，但也增加了市场的复杂性和波动性。

2. 农产品期货交易的特征

第一，经济物质基础特征。一个农产品期货交易所的建成必须以强大的农产品现货市场作为后盾。农产品现货市场的发展壮大为农产品期货交易提供必要的物质基础，包括丰富的农产品资源、完善的物流配送体系和成熟的交易渠道等。随着农产品期货交易市场的改革与发展，许多特色农产品商品基地逐渐形成。这些基地能够保证农产品的稳定供应，为期货交易提供了充足的标的物。同时，农产品期货交易的价格波动具有一定的敏感性和规律性，它随着市场供求关系、季节变化、政策调整等因素的影响而波动。如果价格过于稳定，缺乏波动，就无法体现期货市场的价格发现和风险管理功能，期货交易也就失去了存在的意义。

第二，产品品种选择特征。农产品期货交易的产品品种选择具有一定的限制和要求。首先，由于市场的竞争性，农产品的生产、流通和分配需要不断进行调节，只有那些市场需求较大、价格波动较为频繁的农产品才适合作为期货交易品种。其次，期货交易的农产品必须具有强大的现货库存支持，能够保证在期货合约到期时进行实物交割，且运输条件需便利，以降低交割成本和风险。最后，农产品期货交易的产品需要订立明确的品质标准、质量规格、等级等，以便在交易过程中进行准确的定价和交割。在我国，适合进行期货交易的农产品主要包括小麦、玉米、大米、棉花、麻类、豆类、糖、蚕茧、生猪、植物油等。这些农产品在国民经济中具有重要地位，且其市场价格波动较为频繁，符合期货交易的基本要求。例如，大豆期货在我国农产品期货市场中占据重要地位，其价格受国际市场供求关系、气候变化、贸易政策等因素影响较大。我国是大豆进口大国，国际大豆价格的波动会直接影响国内大豆加工企业的成本和利润，因此大豆期货为相关企业提供了有效的风险管理工具。

第三，环境基础特征。从环境方面来看，农产品期货交易要求具备较强的时效性和便利性。由于农产品期货交易的商品交易量较大，所以需要较为便利的交通和充足的运输运力，以确保农产品能够及时、安全地运输到交割地点。同时，还需要准确、及时的信息交流，以便市场参与者能够及时了解农产品的市场供求情况、价格走势、政策变化等信息，做出合理的交易决策。

此外，农产品期货交易需要一批专业的从业人员。他们需熟悉农产品的生产、加工、流通等环节，精通期货交易的规则和技术，为市场参与者提供专业的服务和指导，确保农产品期货交易的正常运作。

（三）农产品期货的交易原则

1. 交易公开性原则

农产品期货交易市场建立在农产品现货市场之上，为保证市场的公平、公正和透明，所有农产品期货交易都必须在公开的市场上进行。交易过程中，参与者需通过公开竞价或电子交易平台进行报价和交易，确保每一个竞价者都有平等的机会获取公开交易的信息，防止任何非公开的交易行为出现。这种公开性原则有助于形成合理的市场价格，避免价格操纵和内幕交易，能保护市场参与者的合法权益。

2. 权责公正性原则

在农产品期货交易中，客户通常不能直接进行交易，必须通过委托经纪人代理执行交易指令。为保障客户的正当权益，市场交易规则明确规定了经纪人的权利和责任。经纪人必须严格按照客户的指令进行交易，不得擅自为自己谋利。同时，经纪人要对客户的交易行为负责，确保交易的合法性和合规性。明确经纪人的权责可以提高市场交易的公正性和专业性，增强客户对期货市场的信任。

3. 公平竞争性原则

公平竞争是农产品期货交易的核心原则之一。所有农产品期货交易必须在规定的时间和地点内进行，参与者必须以公开的身份参与交易，禁止任何单位和个人干预农产品期货交易。这一原则使参与者能够公平竞争，市场价格能够真实反映农产品的供求关系和市场预期。只有在公平竞争的环境下，期货市场才能有效地发挥价格发现和风险管理功能，促进资源的合理配置。

4. 监督反垄断性原则

为维护农产品期货市场的稳定和健康发展，政府和监管部门需要密切关注市场变化，加强对市场的监督和管理。对于那些具有较大市场影响力的期货交易商的活动，应严格监管，一旦发现以垄断为目的的经营行为，要立即实施干预，并及时向有关部门报告。同时，规定投机交易部位的最大合约持有数量以及交易停板额，限制主要商品期货合约的过度交易，防止市场操纵和价格异常波动。对于套期保值者，虽然一般不对其进行限额约束，但也要加强对其行为的监督和管理，确保其交易行为符合套期保值的原则和要求。

第二章 农村金融促进农村经济发展的机理

农村金融与农村经济发展紧密相连，本章将深入探讨两者之间的关系及作用机理。基于金融深化和内生增长理论，本章将分析金融如何推动农村经济持续增长，揭示金融在农村经济中的核心作用，为政策制定和实践操作提供理论支撑。

第一节 农村金融与农村经济发展的关系

一、农村金融对农村经济发展的强劲推动

（一）资金注入激活生产引擎

随着农村经济持续向好发展，金融支持在其中发挥着关键作用。农村金融机构通过贷款、投资等多元化手段，持续为农村地区注入大量资金，有效推动了农村产业的发展进程。从资金流动的路径来看，这些资金精准地流向农村经济的各个环节，切实助力农村地区扩大生产规模、提升生产效率，成为农村经济增长的核心动力之一。

聚焦农业生产一线，诸多农户得益于金融机构的资金扶持，得以开启向现代农业的转型之路，积极引入先进的农业机械设备。具体而言，高效能播种机凭借其精准的播种技术，能够在大面积农田中迅速且均匀地完成播种作业；无人机植保设备凭借高精度定位与喷洒技术，能在空中灵活作业，严密防护农作物免受病虫害侵袭；智能化灌溉系统依据土壤湿度、气候数据等实

时信息，科学调控灌溉水量，精细呵护农作物生长。这些现代化设备的广泛应用，促使传统农业由人力密集型向技术集约型转变，带动了生产效率大幅提升。

农业生产转型具有里程碑意义，带来了多维度且深远的影响。一方面，它强力驱动农业产业向现代化、产业化方向加速迈进，为农业产业结构的优化升级提供了坚实支撑；另一方面，它显著提升了农业生产的科技水平，促使农业生产模式更加绿色、环保、可持续。以农业发达地区为例，农户合理利用金融贷款引入大型自动化温室种植系统。凭借精准的环境调控技术，该系统能够对室内的温湿度、光照等关键参数实现精准把控，保障农作物周年连续生产。这不仅促使单位面积产量显著增长，也使农产品品质得以优化，如外观更加饱满、色泽更加优良。由此，农业产业的市场竞争力得以增强，农民收入趋于稳定并逐步提高，进而为农村经济全面繁荣、乡村振兴战略稳步推进奠定了坚实基础。

（二）产业拓展优化经济架构

农村金融的有力支持为农村经济结构的优化升级开辟了广阔空间。随着社会消费需求的多元化和个性化，乡村旅游、农村电商、现代服务业等新兴产业在农村地区蓬勃兴起。金融机构积极为这些非农业产业的发展提供资金保障和专业金融服务。

在乡村旅游领域，金融机构为农家乐、民宿、乡村旅游景区的开发建设提供了全方位金融支持。从基础设施建设贷款的扶持到旅游项目策划与推广资金的投入，金融机构助力乡村旅游产业发展壮大。许多乡村凭借独特的自然风光、丰富的民俗文化和金融机构的支持，打造出了特色乡村旅游品牌，吸引了大量游客，带动了当地餐饮、住宿、交通、购物等相关产业繁荣，形成了完整的乡村旅游产业链。例如，某古村落通过金融支持修复了古老建筑风貌，开发了传统手工艺体验、民俗文化表演等旅游项目，吸引了众多游客。村民经营农家乐、销售手工艺品等，收入大幅增加，经济结构成功转型，实现了农业与旅游业的深度融合发展。

在农村电商和现代服务业方面，金融机构为农村电商企业提供启动资金和运营贷款，帮助搭建线上销售平台、建设物流配送体系、开展品牌推广活动。同时，针对农村物流、金融信息咨询、农业科技服务等现代服务业，金融机构量身定制了金融产品和服务方案，促进了这些产业的快速发展。农村电商打破了农产品销售的地域限制，实现了价值增值；现代服务业提高了农村经济运行效率和服务水平，优化了经济结构，增强了农村经济的韧性，提高了农村经济的抗风险能力。

（三）能力培育赋能农民发展

农村金融的作用不止限于资金供给，更体现在对农民综合素质和专业技能的深度培育与赋能上。金融机构举办的各类培训和咨询活动，成为农民了解市场动态、掌握前沿技术、提升经营管理能力的重要渠道。

在市场信息传递与分析方面，金融机构组织专业团队为农民举办市场信息讲座和研讨会，剖析农产品市场供求关系变化趋势、价格波动规律、消费者偏好动态等关键信息，帮助农民及时把握市场脉搏，合理调整种植和养殖计划，避免因盲目生产造成经济损失。例如，当市场对绿色、有机、功能性农产品需求增长时，参加过培训的农民就能迅速调整种植结构，引入先进技术和管理模式，生产符合市场需求的农产品，实现经济效益最大化。

在农业技术培训与推广领域，金融机构与农业科研院校、技术推广部门合作，邀请专家向农民传授先进实用的农业生产技术和科学高效的管理经验，包括农业技术、生态农业模式、农产品质量安全控制技术、农业废弃物资源化利用技术等前沿知识和实用技能。例如，通过学习精准施肥和灌溉技术，农民能根据土壤养分状况和作物生长需求精确调控投入量和施用时间，减少农业面源污染，提高农作物产量和品质，降低生产成本，提升农业生产的经济效益和生态效益。同时，金融机构重视农民经营管理能力的提升，开设财务管理、市场营销、企业运营等培训课程。农民掌握成本核算、利润分析、市场定位、品牌建设、渠道拓展等经营管理技能后，能科学规划农业生产经营活动，提升农业生产组织化程度和市场竞争力。综上所述，"完善的农业经济管理制度能为农村公共服务发展提供制度支持和发展平台，应坚持优化和完善现行农村金融服务体系结构，通过合理配置农村金融资源，促进农村经济高质量发展。"[1]

---

① 李弘. 农村金融与农村经济发展的长期均衡和短期调整——评《中国农业经济协调发展研究》[J]. 热带作物学报，2021，42（8）：2447.

二、农村经济发展对农村金融的有力促进

（一）需求增长拓展金融市场

随着我国现代化建设的推进和农村经济的繁荣，农村经济活动日益活跃，农民收入水平显著提高。这种发展促使了农村地区对金融服务需求的大幅增长，为农村金融市场拓展和深化创造了条件。

农民收入增加使他们积累了大量闲置资金，急需安全、稳健、高效的投资渠道和财富管理方式。因此，农民对储蓄、理财、保险等金融服务的关注度和参与度日益提高。他们期望借助金融机构的专业优势实现个人财富的保值增值，为家庭未来发展提供经济保障。例如，越来越多的富裕农民开始关注银行理财产品，根据自身风险承受能力和收益预期合理配置资产，参与资本市场投资，推动了农村金融市场的多元化发展。

农村经济多元化催生了大量农村企业和新型农业经营主体，其生产经营对资金需求呈现多样化、个性化特点。除了传统流动资金贷款需求外，他们还需要项目融资、设备融资租赁、供应链金融、票据承兑与贴现、出口信贷等一系列专业金融服务，以满足不同发展阶段和业务场景下的资金需求。例如，农产品加工企业扩大生产、升级设备、拓展市场时需要项目贷款和供应链金融服务；农业种植大户购置大型机械、建设仓储设施时需要设备融资租赁和仓储贷款；农村电商企业开展跨境业务时需要国际结算、贸易融资和外汇风险管理等金融服务。农村经济主体金融服务需求的丰富和深化，为农村金融机构提供了业务拓展空间和创新发展机遇，促使其优化产品结构和服务流程，提升服务质量和效率。

（二）创新驱动提升金融活力

农村经济的持续繁荣和金融需求的多样化，推动农村金融机构加快创新步伐，探索适应农村经济特点和农民需求的金融产品与服务模式。这种创新为农村金融注入了新活力和竞争力，使其更好地服务农村经济发展大局。

在金融产品创新方面，金融机构围绕农村经济产业特点和发展需求，研发并推出了一系列具有创新性和针对性的金融产品。例如，针对农业生产周期性、季节性和风险性特点，创新开发了农业产业链金融产品。这类产品以农业产业链核心企业为依托，整合上下游企业和农户信用资源，通过应收账

款质押、存货质押、订单融资等方式，为整个农业供应链提供全方位融资支持。在农产品生产环节，金融机构根据农户与企业签订的订单合同为农户提供生产资金贷款；在收购环节为加工企业提供收购贷款或预付款融资；在销售环节为企业提供应收账款保理业务，加速资金回笼，提高资金使用效率。

此外，金融机构积极响应国家乡村振兴战略和绿色发展理念，推出了绿色农业金融产品和乡村振兴专项贷款。绿色农业金融产品支持农村生态农业、循环农业、有机农业等绿色产业发展，提供绿色信贷、绿色保险、绿色债券等金融服务，以促进农业产业绿色转型和可持续发展。乡村振兴专项贷款聚焦农村基础设施建设、公共服务提升、人居环境改善等重点领域，为乡村振兴项目提供长期、稳定、低成本的资金支持，助力农村实现经济繁荣、生态宜居、乡风文明、治理有效、生活富裕的发展目标。

在服务模式创新方面，金融机构利用现代信息技术优势，拓展金融服务渠道，构建了线上线下融合发展的金融服务体系。除了传统实体营业网点外，还大力发展网上银行、手机银行、微信银行等电子金融服务平台，为农民提供便捷、高效、全天候的金融服务。农民通过手机银行或网上银行客户端，足不出户即可办理账户查询、转账汇款、贷款申请、购买理财产品、生活缴费等各类金融业务，节省了时间和精力成本。同时，金融机构还与电商平台、物流企业、农业科技公司等合作，打造了"金融＋电商＋物流＋科技"的综合服务模式，为农村经济主体提供一站式、全方位的金融服务解决方案。例如，金融机构与农村电商平台合作推出了"电商贷"产品，根据电商企业交易数据和信用状况提供快速贷款服务；与物流企业合作开展物流金融业务，为物流企业及其上下游客户提供存货质押融资、运费保理等金融服务；与农业科技公司合作推出了"科技贷"产品，支持农业科技创新和应用推广，促进农业产业科技化升级。

此外，金融机构还注重加强金融服务的场景化建设，将金融服务深度融入农村生产生活各个场景。在农村集市、农贸市场、农业产业园区等场所设立金融服务站或自助金融设备，为农民提供现场金融咨询和业务办理服务；在农业生产季节，组织金融服务小分队深入田间地头，为农户提供上门金融服务，现场办理贷款发放、农资购买补贴等业务，切实解决农民生产经营中的金融难题。

第二节 基于金融深化理论的作用机理

金融深化理论的核心是消除对利率的管制，主张推行金融自由化改革。金融深化理论认为，合理的实际利率能促进储蓄增加和经济增长。在农村经济发展进程中，金融深化理论在农村经济中的作用机理包括储蓄动员与转化机制、投资促进与优化效应、资源配置与整合功能、风险管理与分散途径、技术创新与推广助力、人力资本提升与激励等多个方面，直接或间接地促进农村经济增长。

一、储蓄动员与转化机制

在传统的农村金融环境中，由于金融抑制现象普遍存在，农村储蓄的规模与效率往往受到严重制约。利率管制使得农村金融市场利率偏离均衡水平，无法真实反映资金的供求关系，进而抑制农村居民储蓄的积极性。农村金融机构的单一性与服务的局限性，也使得储蓄渠道相对狭窄，居民的储蓄意愿难以得到充分满足。

随着金融深化的推进，利率市场化进程逐渐加快，农村金融市场的利率开始向均衡水平靠拢。这一变化使得储蓄产品的收益率更具吸引力，激发了农村居民的储蓄热情。因此，现有的农村正规金融机构，需要改善其经营管理，"拓展业务覆盖面，真正把农村正规金融机构的职责履行到位，使它能够更好地服务于农村的经济建设和发展。"①

储蓄的有效转化是金融深化促进农村经济发展的关键环节。在完善的金融深化机制下，金融中介机构凭借其专业的金融技术与丰富的市场信息，能够精准地识别具有投资潜力的项目，并将储蓄资金高效地配置到这些项目中。金融市场的竞争机制促使金融机构不断优化资金配置效率，降低交易成本，从而提高储蓄转化为投资的比例。农村金融深化还通过提升农村经济主体的金融素养与增强他们的投资意识，提高他们对金融市场的参与能力，增强他

---

① 季凯文，武鹏. 农村金融深化与农村经济增长的动态关系——基于中国农村统计数据的时间序列分析 [J]. 经济评论，2008，（4）：21.

们的信心，进一步推动储蓄向投资转化，为农村经济发展提供源源不断的资金支持。

二、投资促进与优化效应

金融深化对农村投资的促进作用显著且呈现多维度特征。

第一，金融深化丰富了农村金融市场的投融资渠道与金融产品。在传统农村金融体系中，融资手段往往比较单一，这使得农村地区多样化的投资需求难以得到充分满足。随着金融深化的推进，农村金融创新的步伐显著加快。在这一过程中，金融机构开发了一系列针对农业产业链不同环节的特色金融产品，如农产品期货、农业供应链金融等。这些创新产品为农村企业与农户提供了更为灵活和适配的融资方式，有效解决了他们面临的融资难题。通过这种方式，金融深化不仅促进了农村投资规模的扩大，还为农业的可持续发展注入了新的活力。

第二，金融深化优化了农村投资环境。金融机构在风险评估、信用评级等方面的专业能力不断提升，能够为投资者更准确地评估投资项目的风险与收益，提供可靠的决策依据。金融市场信息透明度与对称性的提升，减少了信息不对称带来的投资风险与交易成本，提升了投资的效率与质量。

第三，金融深化还引导资金流向具有较高回报率与发展潜力的农村产业与项目。通过市场机制的作用，金融资源能够自动配置到农业现代化、农村基础设施建设、农村新兴产业等关键领域，推动农村产业结构优化升级，促进农村经济可持续发展。在农业现代化进程中，金融深化为农业科技创新、农业机械化推广等提供了必要的资金支持，助力农业生产效率的提升；在农村基础设施建设方面，金融深化吸引资金投入道路交通、水电通信等基础设施建设项目，改善了农村的生产生活条件，为农村经济发展奠定了坚实基础。

三、资源配置与整合功能

在资金配置方面，随着金融深化程度的提高，金融市场的价格信号机制更加灵敏，能够准确反映不同农村产业与项目的资金需求与风险状况。金融机构依据这些信号，将有限的金融资源精准地分配到最具效率与潜力的领域，实现资金的优化配置。对于具有较高经济效益与社会效益的农业生态产业、农产品深加工产业等，金融机构会加大资金支持力度，促进其发展壮大；而对于一些落后产能或低效项目，则会减少资金供给，引导其转型升级或退出市场。

在产业整合方面，金融深化为农村产业融合发展提供了强大的金融支持。农村产业融合是农村经济发展的重要趋势，涉及农业与第二、三产业的深度交叉与协同发展。金融深化通过创新金融产品与服务模式，如开展农村产业融合发展专项贷款、设立产业融合投资基金等，促进了农村产业之间的资源共享、优势互补与协同创新。金融深化还推动了农村产业链的延伸与拓展，加强了农业产前、产中、产后环节的紧密联系，提升了农业产业附加值并提高了农业产业的市场竞争力，促进了农村经济的整体发展与繁荣。

四、风险管理与分散途径

农村经济活动面临着自然风险、市场风险和信用风险等多重风险因素的交织影响。金融深化为农村经济主体提供了多样化的风险管理与分散途径，成为保障农村经济稳定发展的关键支撑。

在自然风险应对方面，农业保险的发展是金融深化的重要体现。随着金融深化的推进，农业保险市场不断完善，保险产品日益丰富。除了传统的农作物种植保险、养殖保险外，还创新推出了气象指数保险、价格指数保险等新型险种。这些保险产品能够根据不同地区的农业生产特点和风险状况，为农户提供更具针对性的风险保障。在遭遇自然灾害如旱灾、洪涝等或农产品市场价格大幅波动时，农户可以依据保险合同获得相应的赔偿，有效弥补经济损失，稳定生产经营。

在市场风险和信用风险管理上，金融深化促进了金融衍生品市场在农村的发展以及信用体系的建设。金融衍生品如农产品期货、期权等工具的应用，使得农户和农业企业能够提前锁定农产品价格，规避市场价格波动风险。农村信用体系的逐步完善，使金融机构能够更准确地评估借款人的信用状况，降低了信用风险。通过建立农户信用档案、开展信用评级等工作，信用良好的农户和企业能够更容易获得金融支持，在融资成本上也能享受优惠，从而激励农村经济主体注重自身信用建设，优化农村金融生态环境。

五、技术创新与推广助力

金融深化为农村技术创新提供了必要的资金支持，因为农业科技创新需要大量的研发投入。农业新品种培育、农业生产技术改进以及农业信息化建设等各个环节，都离不开资金的保障。金融机构通过设立科技专项贷款、风险投资基金等金融产品，为农村科研机构、农业企业和农户提供资金支持，鼓励他们开展技术创新活动。对于致力于农业绿色生产技术研发的企业，金融机构可以提供低息贷款或股权投资，帮助其解决研发过程中的资金瓶颈，推动农业技术的创新与进步。

金融深化加速了技术创新成果在农村的推广应用，金融机构利用自身的信息网络和市场渠道，促进了技术创新成果与农村经济主体的对接。通过为采用新技术的农户和企业提供优惠贷款、金融咨询等服务，金融机构降低了这些农户和企业应用新技术的成本和风险，提高新技术的普及率和应用效果。在农业机械化推广过程中，金融机构可以为农户提供购买新型农业机械的分期付款、融资租赁等金融服务，使农户能够更便捷地获取先进生产设备，加快农业技术的更新换代，提升农业生产效率。

六、人力资本提升与激励

首先，金融深化促进了农村教育资源的优化配置。加大对农村教育领域的金融支持可以显著改善农村学校的教学设施、加强师资队伍建设等。金融机构可以为农村职业教育学校提供贷款，用于建设现代化的实训基地、引进专业教师，培养适应农村经济发展需求的实用型人才。此外，金融工具的创新和金融服务的普及，能够为农村学生和家长提供更加多元化的教育投资选择，从而提升教育投资的效率和效果。金融深化还可以通过提供奖学金、助学金等形式，减轻农村家庭的教育负担，使更多农村学生有机会接受更高层次的教育。通过这些措施，金融深化不仅能够提升农村教育的整体水平，还能够促进教育公平，为农村地区培养出更多有知识、有能力的人才，进而推动农村经济的可持续发展。

其次，金融深化为农村劳动力培训提供了资金保障，农村劳动力开展的农业技能培训、创业培训等项目能够得到充分的金融支持。金融机构可以提供培训补贴贷款，或者与培训机构合作开展金融支持服务，从而确保这些培训项目能够顺利进行。通过这种方式，农村劳动力的专业技能和综合素质得到显著提升。这不仅有助于农村劳动力在就业市场中获得更好的机会，也增强了他们在创业活动中的竞争力，为他们提供了更多发展的可能性。

最后，金融深化还通过金融激励机制，鼓励农村人才回流和人才引进。例如，为那些有意愿返乡创业的农民工、大学生等提供创业贷款、税收优惠等政策支持，有效地吸引了他们回到农村创业、就业。这些政策不仅为他们提供必要的经济支持，还为他们创造良好的创业环境。这种方式为农村经济发展注入了新的活力和智慧，促进了农村人力资本的积累与提升。这不仅有助于推动农村经济的可持续发展，还为农村社区带来长远的社会和经济效益。

第三节 基于内生增长理论的作用机理

内生增长理论强调经济增长的关键因素如知识积累、技术进步、人力资本水平等是"内生"的，即由经济系统内部的经济主体行为和互动所决定。该理论认为，在长期经济增长的过程中，收益递增不仅是普遍的，而且是必要的。

一、内生增长理论核心要素与农村经济关联

内生增长理论的核心在于强调经济增长的内部驱动因素，主要包括知识积累、技术进步、人力资本提升以及分工专业化等方面。在农村经济发展的情境下，这些要素具有独特的表现形式与作用路径。

知识积累在农村地区可体现为农业生产经验的传承与创新、农村生态环境知识的运用等。例如，在传统农业中，经过长期实践积累的种植、养殖技术，若能通过现代的信息技术手段进行整理、传播与创新，将有助于提升农业生产效率。技术进步则涉及农业机械化、信息化、生物技术在农业中的应用等。例如，新型农业机械的推广能够提高农业生产的劳动生产率；精准农业技术的采用可以优化农业资源配置，减少投入浪费。

人力资本在农村经济中至关重要。较高素质的农村劳动力能够更好地接受和运用新技术、新知识，推动农业生产方式转变。这不仅包括农民的文化教育水平，还涉及农业技能培训、经营管理能力培养等方面。分工专业化在农村经济发展过程中也逐渐凸显出重要性。随着农业产业化的推进，农业生产、加工、销售等环节的分工日益细化，专业化的农业服务组织不断涌现，如农业技术咨询公司、农产品物流企业等，以提升农业生产的整体效率与经济效益。

二、储蓄、投资与资源配置效应在农村中的体现

农村金融发展是农村经济增长的关键支撑，其通过储蓄效应、投资效应和资源配置效应等影响农村经济。

从储蓄效应来看，农村居民收入水平的提高以及金融意识的增强，使他们的储蓄能力有所提高，储蓄意愿有所增强。农村金融机构的发展为居民提供了相对安全、便捷的储蓄渠道。这些储蓄资金成为农村经济发展的重要资金来源之一。例如，在一些农村地区，随着特色农业产业的发展，农民收入增加，部分储蓄资金被用于扩大农业生产规模或投资农村小型加工企业。

在投资效应方面，农村金融机构将储蓄资金转化为投资，投向农业生产、农村基础设施建设、农村企业发展等领域。合理的投资能够增加农村资本存量，改善农业生产条件。例如，对农田水利设施的投资可提升农业抵御自然灾害的能力，保障农业生产的稳定性；对农村电商企业的投资有助于拓展农产品销售渠道，提升农产品附加值。

资源配置效应在农村经济中尤为关键。有效的农村金融体系能够引导资金流向效率更高、发展潜力更大的农村产业与项目。例如，在某些生态环境良好的农村地区，金融支持推动了生态农业、乡村旅游等新兴产业的发展，实现了农村资源的优化配置，促进了农村经济结构的升级。

三、物质资本积累对农村经济的推动机制

物质资本积累在农村经济增长中扮演着重要角色。农村地区的物质资本积累主要来源于农业生产设备购置、农村基础设施建设投资以及农村企业固定资产投入等方面。

在农业生产中，先进的农业机械、灌溉设备等物质资本的投入，能够显著提高农业生产效率。例如，大型联合收割机的使用大大缩短了农作物收割时间，降低了人力成本；滴灌、喷灌设备的推广，提高了水资源利用效率，保障了农作物生长所需的水分。在农村基础设施建设方面，道路、桥梁、电力、通信等基础设施的完善，降低了农村经济活动的交易成本，促进了农村与外部市场的联系。良好的交通条件有利于农产品的运输与销售，稳定的电力供应保障了农村企业的生产运营，便捷的通信网络拓宽了农民获取信息与技术的渠道。

农村企业的物质资本积累也为农村经济增长提供了动力。农村加工企业、农产品仓储物流企业等通过购置先进的生产设备、扩大厂房规模等方式，提高企业生产能力与运营效率，创造了更多的就业机会，带动了农民增收，促进了农村的经济繁荣。

四、人力资本积累促进农村经济增长的路径

人力资本积累是农村经济持续发展的内在动力。在农村地区，人力资本积累主要通过教育、培训以及实践经验积累等途径来实现。

农村教育的发展是提升人力资本的基础。提升农村学校的教育质量，加强农业相关专业教育与职业技能培训，有助于培养出具有现代科技知识与农业技能的新型农民。例如，通过学习农业信息技术、农产品市场营销等课程，农民能够掌握现代农业经营管理方法。农业技能培训在人力资本积累中也起到重要作用。针对不同农业产业需求，开展不同的技术培训，如针对种植、养殖产业，可以开展新型果树修剪技术、高效养殖技术等培训，以提高农民在农业生产中的专业能力。

此外，农民在农业生产实践中的经验积累也是人力资本的重要组成部分。鼓励农民之间的经验交流与分享，建立农业技术示范户、示范村等，能够加速农业生产经验的传播与创新，提升农村整体人力资本水平，进而推动农村经济增长。

五、技术进步驱动农村经济发展的作用方式

技术进步是农村经济发展的核心驱动力之一。在农业领域，技术进步涵盖农业生物技术、信息技术、机械技术等多个方面。

农业生物技术的创新，如优良品种的培育、生物防治技术的研发等，能够提升农产品产量与质量，增强农产品的市场竞争力。例如，转基因抗虫棉品种的推广，有效减少了棉花病虫害的发生，提高了棉花产量；有机肥料与生物农药的应用，提升了农产品的品质与安全性。信息技术在农业中的应用，包括农业物联网、农产品电商平台等，实现了农业生产的智能化管理与农产品销售的网络化拓展。通过农业物联网，农民可以实时监测农作物生长环境参数，精准调控生产过程；农产品电商平台打破地域限制，拓宽了农产品销售渠道，增加了农民收入。

农业机械技术的进步，如智能化农业机械的研发与应用，进一步提高了农业生产效率，降低了劳动强度。例如，自动驾驶拖拉机、植保无人机等设备的使用，使农业生产更加高效、精准，推动了农村经济向现代化方向发展。

第三章　农村经济发展中的金融支持体系研究

农村金融支持体系是农村经济发展的重要保障。本章将从金融约束与支持出发，分析农村金融的供需主体，探讨农业产业化金融支持体系，并提出创新制度。通过本章的学习，读者将全面了解农村金融支持体系的构成与优化路径，为农村经济发展提供有力支持。

第一节　农村金融约束与农村金融支持

一、农村金融约束

金融约束理论反对盲目地实行金融自由化，而是立足于发展中国家推行金融自由化过程中出现的问题。金融约束理论认为，在制度体系不够完善、相对脆弱的国家，政府应采取一系列控制措施来稳定金融体系。例如，实行存贷利率管制以保障银行体系的资金来源，以及实施市场准入限制以抑制金融市场的过度竞争。金融约束政策不是一成不变的，应随着经济的发展而不断调整。金融约束理论的提出，旨在帮助发展中国家在市场经济不成熟时，通过政府的适度干预，度过暂时的困难，促进本国经济的发展。

（一）农村金融约束的根源

信息不对称困境：农村地区信息传播渠道狭窄且不畅，农户生产经营信息分散、零碎，金融机构难以精准获取。农户信用评估缺乏统一、有效的标准体系，其资产状况、收入稳定性等信息模糊不清，导致金融机构在信贷决策时面临巨大风险，为降低风险只能谨慎放贷，进而导致农村金融服务供给不足。

社会约束机制缺失：农村社会信用体系建设滞后，农户信用意识淡薄，违约成本较低，部分农户恶意拖欠贷款却未受到有力惩戒，这严重破坏了农村金融生态环境，挫伤了金融机构放贷积极性。法律制度在农村金融领域的执行力度薄弱，金融纠纷解决机制不完善，当出现贷款违约等问题时，金融机构维权艰难，进一步加剧了金融机构对农村市场的担忧。

生产生活特点制约：农村生产具有较强的季节性、风险性和分散性。农业生产周期长，受自然灾害影响大，收益不稳定，金融机构基于风险考量，对农业贷款持谨慎态度。农户居住分散，金融机构开展业务成本高昂，如信贷员实地考察贷款用途和农户资产状况的交通成本、时间成本大幅增加，降低了金融服务的可及性。

（二）农村金融约束的影响分析

对农业生产的阻碍：资金短缺使得农业生产技术难以更新换代，新型农业机械、高效灌溉设备等无法广泛应用，农业生产停滞不前。农田水利等基础设施建设因资金匮乏而进展缓慢，抗灾能力薄弱，严重影响农业生产的稳定性和可持续性，这导致农产品产量和质量波动较大，削弱了农业在市场中的竞争力。

对农村经济发展的桎梏："伴随着社会的进步和经济的发展，农村的集约化经济受到农村金融资本的影响"①，农村企业发展受限，缺乏资金支持无法扩大生产规模、升级技术设备，难以形成产业集群优势，无法有效带动农村经济增长。农村产业结构调整因资金瓶颈难以推进，新兴产业培育缺乏资金"孵化"，传统农业产业转型艰难，这导致农村经济发展缓慢，与城市经济差距不断拉大。

对农民生活的影响：农民创业增收渠道受阻，缺乏启动资金和周转资金，许多创业创意无法付诸实践。农民消费能力也受到抑制，难以购买高品质生产资料和生活消费品，生活质量提升缓慢，在教育、医疗等方面的支出也因收入增长乏力而捉襟见肘，进而影响农村社会的整体发展水平。

---

① 冶美琴. 浅谈西部农村金融发展的金融约束［J］. 全国流通经济，2018，（10）：84.

二、农村金融支持

农村金融支持是指在县级及以下行政区域内，正规金融机构与民间金融组织为农村地区提供各类金融服务，涵盖存款、贷款、保险、期货、证券、汇兑、支付结算等业务，旨在促进农村资金融通、风险分散、投资增长与经济发展。它是农村金融体系与农村经济相互作用的机制体现，通过优化金融资源配置，推动农村经济结构调整与产业升级，助力农民增收与农村繁荣，是乡村振兴战略实施的重要金融保障，对缩小城乡差距、实现农业农村现代化具有不可替代的作用。

（一）农村金融支持的特征

服务对象的特殊性：主要面向农户、农村企业、农业合作社等农村经济主体。这些主体在经营规模、资金需求、风险承受能力等方面各异，如农户贷款需求小额分散，且受农业生产周期与自然因素影响大；农村企业则在发展阶段、产业类型上有别，金融需求复杂多样。这要求农村金融支持具备高度灵活性与针对性，以契合不同主体的特定需求。

风险的多元性与复杂性：面临自然风险、市场风险、信用风险交织的局面。农业生产易受自然灾害冲击，这导致农产品产量与质量易出现波动，影响农户贷款偿还能力，形成自然风险；农产品市场价格波动频繁，市场供需变化、国际竞争等因素使农村企业与农户面临市场风险；部分农户与农村小微企业信用意识薄弱、财务制度不健全，加剧了信用风险，增加了农村金融机构风险管控难度与成本。

金融服务的基础性与普惠性：注重提供基础金融服务，保障农民基本金融需求，如储蓄、汇兑、小额信贷等，这是农村经济社会稳定运行的金融基石。同时，秉持普惠理念，致力于扩大金融服务覆盖范围，提高金融可得性，确保农村弱势群体能平等享受金融服务，促进农村金融公平，推动农村经济均衡发展，防止金融排斥现象在农村地区蔓延。

（二）农村金融支持的要素

金融机构：包括政策性银行、商业银行、农村信用社、邮政储蓄银行、村镇银行、小额贷款公司等。政策性银行，如农业发展银行，在农业基础设施建设、粮棉油收购等方面发挥政策引导和资金支持作用；商业银行凭借资金、技术与网络优势，为农村提供多元化金融产品；农村信用社与邮政储蓄银行扎根农村基层，贴近农户与农村小微企业，是农村金融服务的重要载体；村镇银行与小额贷款公司，则在填补农村金融服务空白、满足小额信贷需求方面发挥补充与灵活调节作用。各类金融机构协同构成农村金融服务网络。

金融产品与服务：丰富多样的金融产品中，有农户小额贷款、农业企业流动资金贷款、农业产业链贷款等信贷产品，满足不同规模经营主体的资金需求；农业保险产品，如农作物保险、养殖保险等，为农业生产抵御自然与市场风险提供保障；还有农产品期货、期权等金融衍生品，帮助农业经营者进行套期保值、稳定收益。金融服务涵盖支付结算服务优化、线上金融服务拓展、金融知识普及与咨询等，旨在提升金融服务便利性与农民金融素养，提升农村金融服务效能与可持续性。

政策支持与监管：政策支持体现为财政补贴、税收优惠、差别准备金率等措施。财政补贴激励金融机构开展涉农业务、降低贷款利率；税收优惠减轻金融机构涉农业务负担；差别化准备金率增加农村金融资金供给。金融监管确保农村金融市场稳定有序，规范金融机构经营行为，防范金融风险，保护金融消费者权益。通过严格准入管理、风险监测预警、违规处罚等手段，监管部门督促金融机构维护农村金融生态健康，促进农村金融稳健发展，保障农村金融支持作用有效发挥。

（三）农村金融支持的影响

第一，促进经济增长。农村金融支持为农村经济增长注入强大动力，充足的资金供给使得农业生产能够采用先进的技术和设备，提高生产效率，提升农产品产量和质量。农村企业获得融资后得以扩大生产规模、拓展市场渠道，推动农村产业结构的升级和优化，从而带动农村经济的快速增长。

第二，优化资源配置。借助金融市场的价格机制和风险分散功能，农村金融支持能够引导金融资源流向农村经济中最具发展潜力和效率的领域和项目，促进农村土地、劳动力、技术等生产要素的合理流动和优化组合，提高农村资源的整体配置效率，实现农村经济的可持续发展。

第三，增强金融稳定性。完善的农村金融支持体系有助于增强农村金融市场的稳定性。多样化的金融产品和服务可以满足不同农村经济主体的金融需求，降低金融市场的单一性风险。同时，提升金融机构的风险管理能力和内部控制水平，能有效防范和化解金融风险，维护农村金融市场的正常秩序。

三、农村金融约束与农村金融支持的对比

农村金融领域中，金融约束与金融支持宛如天平两端，对农村经济发展起着截然不同的作用，在多方面存在着鲜明的区别。

本质上，农村金融约束是农村金融体系内在矛盾与外在困境交织的结果，根源在于城乡二元经济结构下农村经济的相对弱势地位以及农村金融市场发育迟缓，这种约束是农村金融市场不完善的外在体现。农村金融支持是基于农村经济发展需求而产生的一种积极机制，它与农村金融约束有着本质区别。农村金融约束是农村金融体系内部矛盾与外部困境共同作用的结果，根源在于城乡二元经济结构下农村经济的弱势地位以及农村金融市场发育缓慢，体现为农村金融市场的不完善。而农村金融支持则致力于通过金融手段为农村经济注入活力、增强发展动力。它融合了政策引导与市场驱动的力量，弥补农村金融市场存在的短板，优化金融资源在农村地区的配置格局，无疑是推动农村经济走向繁荣的重要力量。

从表现形式来看，农村金融约束的具象化特征显著。金融资源短缺在农村地区尤为突出，银行等金融机构的信贷资金投放相对谨慎且额度有限，农村储蓄资金又存在向城市流动的逆向趋势，使得农村经济发展所需的资金"血液"供应不足。金融服务的不完善也成为制约农村经济的关键因素之一。在广大农村，复杂金融产品和专业金融服务匮乏，金融机构网点覆盖不足，农民难以便捷地获取诸如理财规划、风险评估等金融服务。金融机构功能的缺失同样不容忽视。部分农村金融机构仅能提供简单的存贷款业务，在金融创新、风险分散等方面能力薄弱，无法满足农村经济多元化、多层次的金融需求。

与之相反，农村金融支持呈现出积极活跃的表现形式。金融机构多元化发展态势渐趋明朗，除了传统的农业银行、农村信用社外，村镇银行、小额贷款公司等新型金融机构如雨后春笋般涌现，丰富了农村金融市场的主体结构，不同类型的金融机构在各自的业务领域和服务范围内为农村经济提供了差异化的金融支持。金融产品创新更是成为农村金融支持的亮点。针对农业生产周期长、风险高的特点，金融机构开发出了如农业供应链金融产品、农产品期货期权等创新型金融工具，为农业产业链各环节提供了精准的资金融通和风险对冲服务。政府的金融政策扶持力度也在不断加大，通过财政贴息、税收减免等政策手段，引导金融资源向农村倾斜，为农村金融支持营造有利的政策环境。

在作用效果层面，农村金融约束带来的负面影响深远而广泛。在其桎梏下，农村经济增长举步维艰，缺乏资金支持的农业生产难以实现规模化、现代化转型，农村企业创新发展受限，新产业、新业态培育进程缓慢，整体经济增长动力不足。资源配置效率也陷入低下困境，有限的金融资源无法流向最具潜力和效率的农村经济领域，导致资源错配和浪费现象频发。金融生态更是每况愈下，金融约束引发的资金短缺促使非正规金融无序扩张，金融欺诈、非法集资等违法违规行为滋生，扰乱了农村金融秩序，增加了金融风险，进一步削弱了农村金融体系的稳定性和可持续性。

相反，农村金融支持为农村经济带来蓬勃生机。它有力地促进了农村经济增长，为农业现代化、农村工业化和乡村振兴提供了坚实的资金保障，推动了农村产业结构优化升级，催生了新的经济增长点。在资源配置方面，金融支持凭借市场机制和政策引导，精准地将金融资源配置到农村经济的关键环节和薄弱领域，提高了资源利用效率，促进了农村经济的均衡协调发展。同时，农村金融支持通过完善金融风险分担机制和加强金融监管，有效增强了农村金融体系的稳定性，降低了系统性金融风险，为农村经济发展营造了安全可靠的金融环境。

四、农村金融约束与农村金融支持的协同发展策略

（一）深化农村金融体制改革：筑牢协同发展根基

在推进产权制度改革的过程中，我们必须对农村金融机构进行全面梳理和规范管理，确保每一类金融机构的产权归属得到清晰界定，治理结构明确。特别是对于历史悠久的农村信用社等传统金融机构，我们应当积极推动其股份制改造，鼓励并引入多样化的投资主体，以优化股权结构，进一步增强这些机构的资本实力和经营活力。

金融机构的产权归属问题一旦得到明确，它们就能够建立起更加科学、合理的决策机制和激励约束机制。这样的改变将有效提升金融机构的经营自主性，使它们能够更加灵活地根据农村金融市场的需求变化，迅速调整自身的经营策略，从而在激烈的市场竞争中脱颖而出，增强自身的市场竞争力。

（二）优化金融监管体系：保障协同发展稳定前行

优化金融监管体系是实现农村金融协同发展的保障。鉴于农村金融的特

殊性和复杂性，我们应构建专门针对农村金融的监管体系，充分考虑农村金融机构规模小、业务分散、风险特征独特等因素，制定差异化的监管标准和监管方式。

为了确保农村金融市场的稳定和有序运行，加强不同监管部门之间的信息共享与协同合作显得尤为重要。人民银行、国家金融监督管理总局、证监会等关键的监管部门应当建立常态化的沟通协调机制，有效打破现有的监管壁垒，形成统一的监管合力。通过整合各方面的监管资源，我们可以显著提高监管效率，实现对农村金融市场的全方位和动态化监管。这样的监管方式能够及时发现并化解潜在的金融风险，确保农村金融市场稳定和有序发展。

（三）强化政策协同驱动：激发协同发展关键动力

政策协同是推动农村金融约束与金融支持协同发展的关键驱动力。

在财政政策方面，政府应持续加大对农村金融的投入，设立专项基金支持农村金融发展。该基金用途广泛，可用于农村金融基础设施建设，如在偏远农村地区增设金融服务网点、建设金融信息网络等，以扩大金融服务的覆盖面和提高可及性；为农村金融机构提供补贴，激励其加大对农村经济的支持力度；补贴农业保险，降低农业生产风险，提高农民和农业企业的抗风险能力。

在货币政策方面，中央银行应灵活运用各种货币政策工具，实施差异化的货币政策。例如，通过降低农村金融机构的存款准备金率，增加其可贷资金规模；开展定向再贷款业务，为农村金融机构提供低成本的资金来源，引导金融机构增加农村信贷投放，降低农村融资成本。同时，要完善金融监管政策，在确保金融安全的前提下，为金融创新预留足够的空间。鼓励金融机构根据农村经济的特点和需求，积极进行金融产品和服务创新，简化贷款审批流程，创新抵押担保方式，开发出适应农村市场的金融产品和服务模式。

（四）推动金融机构创新与合作：拓宽协同发展途径

促进金融机构的创新与合作，是推动农村金融协同发展的重要途径。金融机构应积极开展业务创新，深入挖掘农村金融市场的潜在需求。针对农村土地流转、农业产业化经营等新趋势，开发相应的金融产品，如农村土地经营权抵押贷款、农业产业链金融产品等。

加强正规金融机构与非正规金融机构之间的合作是实现优势互补的有效

方式。正规金融机构资金实力雄厚，管理规范有序，非正规金融机构则在信息收集和服务灵活性方面具有优势。正规金融机构可与非正规金融机构开展合作，借助其在农村的人缘、地缘优势，获取更准确的客户信息，降低信息不对称带来的风险，拓展农村金融业务范围；非正规金融机构则可在正规金融机构的指导和规范下，提升自身的金融服务质量和风险管理能力，共同为农村经济发展提供更优质的金融服务。

（五）提升金融素养与信用建设：夯实协同发展社会基石

提升农村经济主体的金融素养和信用水平，是协同发展的社会基础。政府和金融机构应联合开展广泛而深入的金融知识培训和宣传教育活动。通过举办金融知识讲座、发放宣传资料、开设线上金融课程等多种形式，向农民和农村企业普及金融基础知识、金融法律法规，增强他们的金融风险防范意识。同时，要加快建立健全农村信用体系，完善信用评价机制和信用信息共享平台。

整合工商、税务、司法等多部门的信用信息，对农村经济主体的信用状况进行全面、准确地评估。此外，还应加强对农村经济主体的信用约束和激励。对于信用良好的主体，在信贷额度、利率等方面给予优惠；对于失信主体，则实施联合惩戒，限制其金融活动，以此营造诚实守信的农村金融信用环境，为农村金融约束的缓解和金融支持的有效发挥奠定坚实的社会基础。

第二节　农村金融的供需主体分析

一、农村金融供需主体的多元构成

（一）农户：农村金融需求的基础单元

在农村经济架构中，农户作为核心的生产与消费综合体，其金融需求呈现出多维度、差异化的显著特征。从生产维度看，随着农业生产向规模化、专业化及多元化的深度演进，农户对资金的需求在生产资料购置、先进农业技术引进、农田水利设施建设以及农产品仓储物流优化等环节表现得极为迫切。种植经济作物、开展特色养殖或涉足农产品深加工的农户，为实现产业升级与效益提升，需持续投入大量资金以扩大生产规模、提升产品品质与市场竞争力。

在生活层面，教育、医疗、住房等刚性支出构成了农户生活性金融需求的主要部分。教育资源在城乡之间分配不均衡，农户为子女获取优质教育机会，面临择校费、课外辅导费及高等教育学费等沉重经济负担，往往需借助教育贷款等金融工具来缓解压力。虽然医疗保障体系在农村逐步完善，但面对重大疾病时，农户仍需承担较大比例的医疗费用，因病致贫、返贫现象时有发生，医疗贷款成为部分农户应对困境的无奈之选。住房作为农户生活的重要组成部分，无论是新建住房改善居住条件，还是危房改造，资金缺口常使农户陷入困境，房贷需求应运而生。

值得关注的是，不同经济层级的农户金融需求差异显著。贫困农户由于经济基础薄弱与资产积累有限，其金融需求多聚焦于小额信贷，主要用于满足基本生产资料购置与维持简单再生产，贷款额度通常较低且期限较短，主要依赖政策性扶贫贷款及民间小额信贷。温饱型农户在确保基本生活无忧的基础上，逐步加大农业生产投入，其信贷需求围绕种养业生产的季节性资金周转、小型农业机械购置等展开，信贷来源呈现出民间信贷、小额商业贷款与信用贷款多元融合的趋势。市场型农户凭借较强的经济实力与市场敏锐度，深度参与专业化、规模化农业生产经营，商业信贷成为其主要融资渠道，用于大规模农业设施建设、农产品品牌打造与市场拓展等领域，对金融服务的便捷性、高效性与综合性提出了更高要求。

（二）农村企业：农村经济增长的关键引擎

农村企业是推动农村经济蓬勃发展、吸纳农村劳动力就业的核心力量。在其成长与壮大过程中，金融支持不可或缺。农村中小企业，尤其是处于起步阶段的资源型小企业，肩负着开拓市场、拓展业务版图的艰巨使命。在生产设备购置、原材料采购、技术研发创新及市场营销推广等关键环节，它们面临着严峻的资金短缺。由于其规模较小、资产结构相对单薄、财务制度欠完善以及市场风险抵御能力脆弱，它们的融资渠道极为狭窄，主要依赖自有资金的积累、高成本的民间信贷、审慎发放的商业信贷以及政策性金融的有限扶持。

规模以上农村企业在迈向规模化、现代化生产经营的过程中，对金融服务的需求更为多元且复杂。在生产贷款方面，为实现生产线升级改造、扩大生产产能、提升产品质量与生产效率，企业需获取大额、长期的资金支持，以满足购置先进生产设备、引进前沿生产技术、优化生产工艺流程的资金需求。在发展战略布局层面，为增强市场核心竞争力、延伸产业链条、提升产品附加值，企业在新产品研发、市场品牌建设与营销网络拓展等领域急需大量资金投入，商业信贷与风险投资成为其重要的资金补给来源。而农业产业化龙头企业，作为农村产业集群的领军者，在引领产业发展方向、推动产业升级转型、带动农户增收致富方面发挥着关键作用。其金融需求贯穿于农产品生产、加工、销售的全产业链，涵盖原材料基地建设、精深加工技术研发、现代物流体系构建及农产品品牌国际化推广等各个环节。这些企业对金融服务的规模、期限、利率及风险管控机制有着极为严格的定制化要求，商业信贷、政策金融资金及资本市场融资等多元化渠道共同支撑其庞大的资金运作体系。

（三）农村公共事业：农村社会发展的支撑基石

农村公共事业作为农村社会和谐稳定、可持续发展的坚实保障，其金融需求涵盖农村文化教育、医疗卫生、基础设施建设及社会保障等核心领域。在文化教育领域，农村学校为提升教育质量、优化教学环境、丰富教学资源，在教学楼舍新建与修缮、教学设备更新换代、师资队伍专业培训以及信息化教学设施建设等方面，迫切需要持续稳定的资金投入。在医疗卫生层面，乡镇卫生院及村卫生室为改善医疗条件、提升医疗服务水平、引进先进医疗设备与技术、加强医护人员的专业技能培训，面临着巨大的资金缺口。特别是在应对突发公共卫生事件时，医疗物资储备、应急设施建设及防控体系的完善等工作，更凸显出金融支持的紧迫性。

农村基础设施建设作为农村经济社会发展的硬件支撑，在道路交通、农田水利、电力通信及农村能源等方面的建设任务繁重。修建乡村公路以改善交通出行条件、兴修农田水利设施以保障农业灌溉与防洪排涝、升级电力通信网络以促进农村信息化发展以及推广清洁能源设施以助力农村生态环境保护，均需大量资金投入。由于投资周期长、回报率相对较低，这些项目对政策性金融与财政资金的协同支持依赖程度极高。在社会保障与社会救助体系建设方面，农村养老、医疗、失业及最低生活保障等制度的完善与有效运行，以及对农村困难群体、特殊群体的精准救助帮扶工作，同样离不开金融资源的有力支撑。

二、农村金融供需主体互动失调的现实思考

（一）金融供给的困境

从金融供给维度来看，农村金融资源存在诸多显著问题。农业信贷在国民经济信贷总量中的占比长期偏低，与农业作为基础产业的重要地位严重脱节。这一现象直接导致农业生产在关键环节频繁面临资金短缺，如购置先进农业机械、引进新型农业技术以及拓展农产品销售渠道等方面，资金的匮乏使得农业现代化进程举步维艰。农村中小企业在获取信贷方面更是深陷困境。金融机构出于风险偏好和成本效益的综合考量，将信贷资源过度集中于少数大型龙头企业，而众多中小微企业由于缺乏资金支持，创新发展活力受到严重抑制。它们难以进行技术研发、设备更新和市场拓展，产业升级的步伐变得极为迟缓。

此外，农村金融产品与服务的同质化问题极为突出。传统存贷款业务仍占据主导地位，而新兴金融产品与服务，如契合农业产业链特点的农业供应链金融、借助互联网技术的农村互联网金融以及具有风险分散功能的农业保险衍生品等，创新进程滞后，推广难度较大。这种状况使得农村金融服务难以满足日益多元化、个性化的金融需求。无论是农户在农业生产不同阶段的资金需求，还是农村企业在不同发展规模和阶段的融资需求，都无法得到有效满足。因此，金融服务的深度和广度亟需全方位拓展与提升。

（二）需求端的难题

在需求端，同样面临着诸多棘手难题。农户由于金融素养欠缺，对金融产品和服务的认知十分有限。加之信息不对称以及资产结构特殊，他们在金融市场中处于明显的弱势地位。农户的融资渠道狭窄，在申请贷款时面临高门槛、繁琐手续、低额度和短期限等问题。例如，农户在进行小型农业生产项目投资或应对突发生活事件时，往往因无法获得足够的资金支持而陷入困境。这不仅抑制了农户农业生产的积极性，也阻碍了农村消费市场的扩容升级。

农村企业受自身规模较小、经营管理水平有限以及市场风险较高等因素的制约，融资能力极为薄弱。它们的信用评级普遍偏低，缺乏充足的抵押物，财务信息透明度不高，因此在金融市场中融资困难。资金短缺成为企业发展壮大过程中难以逾越的核心瓶颈，严重影响了农村产业集群的培育与发展，

进而削弱了农村经济增长的动力。此外，农村公共事业因其公益属性突出和投资回报周期漫长，在资金筹集方面面临巨大困难。财政投入相对有限，金融支持也严重不足。这导致基础设施建设滞后，如道路交通不便、水利设施老化、电力供应不稳定等问题频发。同时，公共服务水平低下，如教育资源匮乏、医疗条件简陋等，成为农村社会发展的突出短板。这些问题进一步加剧了城乡二元结构的矛盾。

（三）互动失调的根源

深入探究供需主体互动失调的根源，我们发现它涉及经济、制度和社会文化等多个层面。

在经济层面，农村产业结构相对单一，主要依赖传统农业生产，经济效益偏低，且市场风险较高。农业生产深受自然风险和市场风险的双重影响，农产品价格波动频繁，市场供需关系不稳定。农村企业规模普遍较小，市场竞争力较弱，抗风险能力差。这些因素共同导致金融机构在服务农村时面临较高的风险成本，严重削弱了其服务农村的内生动力与信心，使农村金融市场成为金融资源配置的洼地。

从制度因素来看，农村金融体系尚不完善。政策性金融、商业性金融与合作性金融在功能定位上模糊不清，协同效应难以有效发挥。政策性金融支持农村力度不足，业务范围狭窄，资金来源有限，难以满足农村经济发展的多样化需求。商业性金融在逐利性驱动下，大规模收缩农村业务战略，削弱了服务农村经济的积极性和主动性。合作性金融在发展过程中面临产权不清、治理结构不完善、管理水平落后以及资金实力薄弱等困境，难以承担起支持农村的主力军重任。此外，农村产权制度改革滞后，土地、房屋等农村资产产权不明晰，流转机制不顺畅，价值评估体系不完善，抵押登记制度缺失。这使得农户与农村企业缺乏有效的抵押物，金融机构难以构建有效的信贷风险缓释机制，进而导致信贷投放受阻。

在社会文化层面，农村地区金融知识普及程度低，农户与农村企业金融素养匮乏，对金融产品和服务的认知、运用能力有限，金融需求表达与金融市场对接不畅。同时，农村信用文化建设滞后，诚信意识淡薄，信用违约现象时有发生，金融生态环境恶化。这些问题增加了金融机构的运营成本与风险，进一步削弱了金融机构服务农村的意愿与力度。

三、农村金融供需主体互动的理想架构与机制

（一）主体间协同互动的理想模式

在理想的农村金融生态环境中，农户、农村企业和农村公共事业构成了一个紧密相连的有机整体，彼此之间的互动呈现出高度协同、互利共赢的态势。农户与农村企业以农业产业链为纽带，形成了天然的供需关系。农户专注于农产品的生产，提供稳定且优质的农产品供应，这是农村企业加工与销售活动的基础，保障了企业的原材料来源；而农村企业则凭借专业的加工技术和广阔的销售渠道，提升了农产品附加值，拓展了市场空间，从而提高了农产品的经济效益，使农户能够获得更好的收益。这种紧密的产业关联为金融合作奠定了坚实的基础，双方在金融互动方面有着巨大的合作潜力。

农户与农村公共事业相互依存、相互促进。农村公共事业的良好发展是农户生产生活的重要保障，它为农户创造了有利的外部条件。如教育资源的优化有助于培养高素质的农业劳动力，使农户具备更强的生产经营能力和创新意识，进而推动农业产业升级；完善的医疗卫生体系能够提高农户的健康水平，减少因病致贫的风险，确保农户生产生活的稳定性和可持续性；便捷的基础设施建设则能显著降低农户的生产生活成本，提高农业生产效率和农产品的市场流通速度。同时，农户也通过合理缴纳税费、积极参与公共事业建设等方式，为农村公共事业提供资金支持，进而形成共建共享的良好局面。

农村企业与农村公共事业同样是相互促进的关系。农村公共事业的完善能够吸引农村企业入驻，促进产业集聚，为企业营造良好的投资经营环境。其中，完善的基础设施可降低企业的物流成本、提高运营效率；优质的教育医疗资源有助于企业吸引和留住人才，为企业的发展提供有力的支撑。而农村企业则通过税收贡献、公益捐赠、参与产业扶贫和带动就业等方式回馈农村公共事业。例如，企业投资建设农村基础设施、资助教育医疗项目、吸纳当地劳动力就业等，不仅推动了农村公共事业的发展，也促进了社会的繁荣稳定，实现了企业经济效益与农村社会效益的有机统一。

（二）金融机构的关键作用与策略

为了更好地服务农户、农村企业和农村公共事业，金融机构需要精准把握各主体的金融需求特性与风险偏好，并据此创新金融产品与服务模式。

针对农户生产生活的特点，如小额分散、季节性强且缺乏有效抵押物等，金融机构应开发一系列特色产品。小额信用贷款可满足农户的小额资金需求；联保贷款则通过农户之间的相互担保机制，提高贷款的可得性；农业生产周期贷款可根据农业生产的季节性和周期性特点提供资金支持；农产品期货与保险联动贷款则有助于农户规避农产品价格波动风险和自然灾害风险等。

对于农村企业，金融机构要量身定制综合金融服务方案。固定资产贷款可满足企业在厂房建设、设备购置等方面的长期资金需求；流动资金贷款可用于支持企业日常生产经营的资金周转；供应链金融贷款依托企业所在的产业链，整合上下游资源，提高资金使用效率；科技研发贷款则支持企业进行技术创新和产品升级；对于有实力的企业，金融机构还可提供上市融资辅导，帮助企业拓展融资渠道，实现更大规模的发展。

在农村公共事业方面，金融机构可提供多元化的金融支持途径，包括项目融资、政策性贷款、债券融资及 PPP 模式融资等。这些方式能够为农村基础设施建设、教育医疗事业发展等提供充足的资金保障。

同时，金融机构还应加强风险管理能力建设。构建科学合理的信用评估体系，全面准确地评估各主体的信用状况；建立风险预警机制，及时发现并应对潜在风险；完善风险分担机制，充分整合农户、企业、政府及社会担保机构等多方资源，如与政府合作设立风险补偿基金、与担保机构开展业务合作等，有效分散和化解金融风险，确保金融生态系统的稳健运行与可持续发展。

（三）政府的引导与监管职能

政府宏观调控、政策扶持与监管规范职能的有效发挥是农村金融健康发展的重要保障。

在政策扶持方面，政府可制定并实施一系列激励措施，鼓励金融机构加大农村金融服务供给力度。税收优惠政策，如减免金融机构在农村业务的营业税、所得税等，能够降低其服务成本；财政补贴政策，如对农户小额贷款、农业保险业务给予贴息或补贴，对金融机构支持农村贷款增量、拓展农业保险业务给予奖励等，可提高金融机构的收益预期；差别准备金率政策，则可根据金融机构对农村金融服务的支持力度进行差异化调控，引导金融资源向农村重点领域、薄弱环节和关键主体精准倾斜。

在监管规范方面，政府需加强农村金融市场监管执法，完善法律法规体系与行业规范标准，明确金融机构在农村开展业务的规范和要求，维护市场秩序的稳定。同时，加强对金融机构合规经营的监管，防止违规操作和金融欺诈行为。严厉打击非法金融活动，如非法集资、非法放贷等，防范金融风险跨领域、跨区域传播，维护农村金融市场的公平竞争环境。

此外，政府还应加强农村信用体系建设，建立健全农户与企业信用档案，全面记录信用信息；开展信用评级活动，为金融机构提供信用参考；加强诚信教育，弘扬诚信文化，营造诚实守信的金融文化氛围，提升金融生态系统的整体信用水平与运行效率，为农村金融的健康发展奠定坚实的基础。

四、农村金融供需主体协调互动发展的策略体系

为有效解决农村金融供需主体互动失衡的问题，重塑健康、高效、可持续的农村金融生态系统，我们需秉持系统性、综合性与协同性原则，从金融供给侧结构性改革、需求侧能力提升、金融生态环境优化及政策制度创新完善等多个维度协同发力，构建全方位、多层次的发展策略体系。

（一）供给侧改革策略

1. 优化金融机构布局

第一，要优化农村金融机构的布局，强化其金融服务功能。鼓励大型商业银行下沉服务重心，拓展农村金融业务领域，并创新金融服务模式，通过设立县域分支机构、乡镇金融服务站以及"三农"事业部等方式，提高农村金融服务的可及性与便利性。

第二，要深化农村信用社的改革，明晰产权关系，完善治理结构，提升经营管理水平与风险防控能力，坚守服务"三农"宗旨，巩固其在农村金融市场主力军的地位。

第三，要大力培育和发展村镇银行、小额贷款公司、农村资金互助社等新型农村金融机构，引导社会资本有序参与农村金融服务，丰富金融服务供给主体，形成多层次、广覆盖、差异化的农村金融机构体系。

2. 推动金融产品与服务创新

第一，开发农业供应链金融产品，整合产业链金融需求。金融机构应紧密结合农村经济社会发展特点与金融需求变化趋势，创新开发多样化、个性

化的金融产品与服务。在农业生产领域，积极推广农业供应链金融模式，以农业产业链核心企业为中心，整合上下游农户与中小微企业的金融需求，提供应收账款质押贷款、存货质押贷款、预付款融资以及供应链票据贴现等金融服务，实现产业链资金流的闭环管理与协同发展。

第二，拓展农业保险业务范畴，创新农业保险产品与服务机制。开发天气指数保险、价格指数保险、产量保险以及农产品质量安全保险等新型险种，构建多层次的农业保险体系，提高农业生产的风险抵御能力。

第三，积极探索农村互联网金融的发展路径，利用大数据、云计算、区块链等金融科技手段，开展线上信贷、移动支付、智能理财以及农业众筹等金融业务，提升金融服务效率与质量，降低服务成本与风险。

（二）需求侧培育策略

1. 开展金融知识普及，提升金融认知和对接能力

在需求侧培育方面，应重点提升农户与农村企业的金融素养，增强它们的信用意识。政府、金融机构与社会组织应协同合作，广泛开展农村金融知识普及教育活动，通过举办金融知识讲座、开设培训课程、提供现场咨询及发放宣传资料等多种形式，向农户与农村企业普及金融基础知识、金融政策法规、金融产品与服务以及投资理财技巧等内容，提高他们的金融认知能力，增强他们的风险防范意识，进而提升他们的金融需求表达与金融市场对接的能力。

2. 加强农村信用体系建设，完善信用信息和奖惩机制

应加强农村信用体系建设，完善农户与企业信用信息的采集、评价、共享与应用机制，并建立健全信用激励与惩戒制度。金融机构应依据信用评级结果实施差异化信贷政策，对信用良好的主体，给予优惠利率、简化手续、增加贷款额度等激励措施；对信用不良的主体，实施限制贷款、提高利率、公开曝光等惩戒手段。同时，政府部门应加强信用文化的宣传教育，弘扬诚信文化，营造诚实守信的社会风尚，以优化农村金融信用环境。

（三）生态环境优化策略

优化农村金融生态环境是促进供需主体协调互动的基础保障。政府应加

大农村基础设施建设投入，改善农村交通、通信、电力、物流等基础设施条件，以降低金融服务运营成本与风险，提升农村经济发展活力与金融吸引力。

同时，政府应强化农村金融市场监管执法，构建完备的农村金融法律法规体系与监管制度框架，明确监管职责与权限，加强对金融机构合规经营的监督，严厉打击非法金融活动，防范金融风险跨领域、跨区域传递，维护农村金融市场秩序的稳定。

此外，还应完善农村金融风险分担与补偿机制，设立政府性融资担保基金、农业信贷风险补偿基金以及农业保险巨灾风险准备金等，引导金融机构加大农村信贷投放力度；鼓励金融机构与担保机构、保险公司开展合作，创新"银担""银保"合作模式，以分散金融风险，提高金融机构服务农村的积极性与主动性。

（四）政策制度创新策略

在政策制度创新方面，政府应充分发挥政策引导与扶持职能，制定并实施积极有效的农村金融政策。政府应加大财政资金对农村金融的支持力度，通过财政补贴、税收优惠、奖励激励等政策措施，降低金融机构开展农村业务的成本与风险，提高金融服务收益预期，从而引导金融资源向农村倾斜。例如，可以对开展农村金融业务的金融机构给予营业税、所得税减免优惠；对农户小额贷款、农业保险业务提供财政贴息或补贴；对金融机构支持农村贷款增量、拓展农业保险业务给予奖励等。

同时，应推进农村产权制度改革，加快推进农村土地承包经营权、宅基地使用权、集体经营性建设用地使用权等农村资产的确权登记颁证工作。建立健全农村产权流转交易市场体系与价值评估机制，完善农村资产抵押登记制度，赋予农民更加充分、完整的财产权利。这将有助于盘活农村资产资源，拓宽农户与农村企业的融资渠道，提高农村金融服务的有效供给与需求匹配度。

第三节　农业产业化金融支持体系

一、农业的特性、地位与作用

（一）农业的特性

农业是指人们利用动植物的生长发育规律，通过人工培育来获取产品的产业。农业的范围包括种植业、林业、畜牧业、渔业和副业等多个领域。农业生产的目的是满足人类对食物、纤维、燃料等物质的需求。这一定义不仅包含了以上传统分支，还融入现代农业科技、生态环保理念、文化传承以及全球经济一体化的新要素。

作为文化传承的载体，农业的内涵远超物质生产的范畴。它蕴含着对土地、季节、生命的深刻敬畏与尊重，与各地的风俗习惯、宗教信仰、节日庆典紧密相连，共同编织出一幅幅绚烂多彩的农业文化画卷。这些文化元素不仅滋养着人类的精神世界，也为农业的可持续发展注入了不竭的精神动力与创新灵感。同时，农业是地球生态系统不可或缺的一部分，其活动直接影响着生态系统的平衡与稳定。现代农业实践强调生态平衡与环境保护，通过科学的耕作、灌溉、施肥方法以及生物多样性保护措施，促进生态系统的健康与繁荣。相反，忽视生态原则的农业活动可能导致资源枯竭、生态退化及环境污染，进而威胁到人类社会的长远福祉。

在当代社会，农业的定义正经历着前所未有的拓展与深化。科技的飞速发展，特别是生物技术、信息技术、智能装备的应用，推进农业从单一生产向全产业链条转型，涵盖了从田间到餐桌的每一个环节，包括精深加工、品牌营销、冷链物流等。这一转变不仅显著提升了农产品的附加值与市场竞争力，也为农民开辟了多元化的增收渠道，促进了农村经济的全面发展与乡村振兴。

（二）农业在中国经济发展中的地位

1. 政治地位

农业稳定是国家政治稳定的基石。农业的发展状况直接影响着国家的政治稳定。历史上，许多朝代的更迭都与农业危机有着密切的联系。当农业生产遭到严重破坏，农民生活陷入困顿时，往往会引发社会动荡，甚至激起农民起义，进而影响政权的稳定。

农民问题始终是国家政治的核心问题，历代统治者都深知农民的力量，因此都十分重视解决农民问题。他们通过减轻农民负担、改善农民生活条件等措施，来维护国家的政治稳定。在现代社会，农民问题的解决仍然是政府工作的重中之重，因为它关系到国家的长治久安。

2. 经济地位

农业在中国的经济地位不可谓不重要。粮食生产作为国家经济的基础，自古以来就是政府关注的焦点。粮食安全被视为国家经济发展的头等大事，因为它直接关系到国家的自立和人民的温饱。我国拥有辽阔的耕地面积，提升粮食生产能力对于保障国家粮食安全、稳定全球粮食市场具有重大意义。

在封建社会，农业税是国家财政收入的主要来源，农业的兴衰直接影响到国库的充盈。尽管现代社会财政收入来源已经多元化，但农业在国民经济中依然占据重要地位。农业不仅是粮食和农副产品的主要供应者，也是工业原料的重要来源，对促进工业化和城镇化进程具有重要作用。

3. 社会地位

农业的发展直接关系到人民群众的生活水平。保障农业发展，意味着能够提供充足的粮食和农副产品，满足人民日益增长的物质文化需求，这是改善民生的关键所在。同时，农业的发展也为农村地区提供了就业机会，缩小了城乡差距，促进了社会公平正义。

农村的稳定直接关系到国家社会的稳定，因此我国政府高度重视农村工作，通过实施一系列惠农政策，推动农村经济发展，提高农民收入，改善农村基础设施，维护农村社会稳定。只有在农村稳定的基础上，国家社会整体才能够保持和谐发展。

（三）农业的作用

第一，提供食物和纤维，满足人类基本生活需求。农业是人类获取食物的主要途径，粮食、蔬菜、水果、肉类、蛋类、奶类等食物都源于农业生产。这些食物不仅为人们提供了必需的营养，还丰富了人们的饮食文化。此外，农业还提供棉花、麻、丝绸等纤维原料，这些原料经过加工后，可以制成各种服装和其他纺织品，满足人类对服饰的多样化需求。

第二，促进农村经济发展，增加农民收入。农业生产不仅直接创造经济价值，还可以带动农村相关产业的发展，如农产品的加工、运输、销售等。这些产业的发展为农村居民提供了更多的就业机会和收入来源，有助于提高农村居民的生活水平。同时，随着农业科技的进步和农业产业化的推进，农业生产的效率和效益不断提升，为农村经济的持续发展注入了新的活力。

第三，保障国家粮食安全，维护国家稳定。粮食是国家的重要战略物资，只有确保粮食的稳定供应，才能维护国家的政治稳定和经济发展。在全球化背景下，国际粮食市场的波动和不确定性日益加剧，保障国家粮食安全的重要性愈发凸显。因此，重视农业生产，提升粮食产量和质量，是保障国家粮食安全、维护国家利益的必然选择。

第四，保护生态环境，推动可持续发展。农业与生态环境密切相关，合理的农业生产方式有助于促进生态环境的保护和改善。例如，植树造林可以防风固沙、保持水土；实施水土保持措施可以减少水土流失、提高土壤肥力；生态养殖可以减少对环境的污染和破坏。同时，农业还可以利用可再生资源，如太阳能、风能、水能等，减少对化石能源的依赖，减少环境污染。这些措施有助于实现农业生产的可持续发展，为后代留下一个良好的生态环境。

第五，传承文化和历史，弘扬民族精神。农业是人类文明的重要组成部分，承载着丰富的文化和历史内涵。传统的农业生产方式、农村生活习俗、民间艺术等都是人类文化遗产的重要组成部分。这些文化和历史遗产不仅具有审美价值，还蕴含着深邃的哲学思想和道德观念。保护和传承农业文化，对于弘扬中华优秀传统文化、增强民族自豪感和凝聚力具有重要意义。通过传承和发扬农业文化，我们可以更好地理解和珍视历史传统，为现代社会的发展注入更多的文化内涵和精神动力。

二、农业产业化金融支持体系的重要性

农业产业化作为现代农业发展的重要方向，其顺利发展离不开金融强有力的支持。农业产业化金融支持体系，旨在通过有效的金融机制和服务，满足农业产业化过程中的多样化资金需求，推动农业产业链的高效整合与升级。

农业产业化金融支持体系是指在政府部门宏观调控和严格监管的前提下，结合农业产业化发展过程中的具体特征，通过提供多元化的金融产品和服务，最大限度地满足农业产业链各环节的资金需求。该体系以中国人民银行为引领，以中国农业银行、中国农业发展银行为主体，以农村合作金融为基础，以农业保险公司为保障，同时以证券市场融资作为重要补充，共同构成了全方位的农村金融组织体系。

农业产业化金融支持体系的重要性不言而喻。一方面，农业作为国民经济的基础产业，其产业化进程对于提高农业生产效率、促进农民增收、推动农村经济结构优化具有重要意义。另一方面，农业产业化包括基础设施建设、技术研发、市场拓展等多个环节，都需要大规模的资金投入，而金融支持正是这些资金投入的主要来源。因此，构建和完善农业产业化金融支持体系，是推动农业产业化进程的关键举措。

三、农业产业化金融支持体系的实践案例与启示

（一）农业产业化金融支持体系的地方实践

1. 福建省农业产业化金融支持体系的实践

福建省在推进农业产业化的过程中，市级以上农业龙头企业展现出了良好的发展态势，在推动农业现代化、增加农民收入等方面发挥了重要作用。然而，其金融支持体系仍面临诸多挑战。具体而言，金融机构对龙头企业的贷款支持力度不足，这主要归因于金融体系的不完善。国有商业银行在商业化改革进程中，大量乡镇营业网点被撤并，贷款权限被上收。农业银行贷款审批权被上收且涉农贷款比重逐年下降；农业发展银行职能定位模糊、资金来源单一、业务范围狭窄；农村信用社受历史问题及内部治理结构影响，对农业龙头企业支持力度有限。同时，信用担保机构等中介体系不健全，评估、评级机构发展滞后。政策性担保机构手续繁琐、反担保措施严格；商业性担保机构费率过高。此外，农业信贷市场配套服务体系缺失，农业保险发展滞

后，缺乏风险补偿机制，导致金融机构"惧贷""惜贷"。另外，地方政府对省级以下农业龙头企业的扶持力度较弱，财政贴息补助与龙头企业发展需求不相匹配。

为了应对上述的问题，政府采取了一系列措施。在商业银行方面，推动其转变经营观念，完善组织结构，按客户细分设立专门的服务部门，并下放贷款审批权限。同时，遵循市场化利率定价原则，制定贷款营销激励机制和风险管理体系。如农业银行利用县域网点的优势，简化了农产品收购季节的贷款审批流程，加强了对龙头企业资金的管理。在农村信用社方面，完善治理结构和经营机制，提高信贷风险管理水平，创新了农贷营销机制，实行了贷款责任制度和薪酬挂钩制度。此外，大力发展小额信贷机构，降低了准入门槛，引入了竞争机制，建立了补充机制以保障资金来源。同时，完善了农村政策性金融支持体系，重新定位了农业发展银行职能，拓展了其业务范围；国家开发银行支持龙头企业基地建设，设立创新成长基金；进出口银行和出口信用保险公司提供进出口信贷和保险业务。另外，发挥了民间金融组织的作用，扶持其发展并规范管理；建立了多层次的信用担保体系，包括完善中小企业信用担保体系和成立龙头企业信贷担保基金或机构；探索了适合农业的保险模式，加大了政府扶持力度，成立灾害风险基金，设立专业保险机构，并建立了激励机制鼓励商业保险机构参与；设立了风险投资基金，吸引社会资金进入农业领域。

2. 湖南省农业产业化金融支持体系的实践

湖南省农业产业化经过多年发展，已初步形成了多层次、多形式、多元化的经营组织形式。农业企业数量不断增加，规模不断扩大，国家级、省级农业企业的营业收入和利润持续增长，农民专业合作组织发展迅速，农产品生产基地建设成效显著。但在金融支持方面，问题依然突出。财政资金投入虽有所增加，但仍不能满足需求，且存在使用分散、缺乏补偿机制、定位不明确等问题。在政策资金支持方面，农业发展银行湖南分行体制改革滞后，功能定位不清，信贷业务分散，对农业产业化的服务存在偏差。在商业资金支持方面，农业银行战略调整导致基层网点撤并、信贷投放减少，农村信用社市场定位不准确且实力较弱，难以满足农业产业化的发展需求。同时，农业企业自身存在融资弱质性、规模小、缺乏抵押担保等问题，农户信贷小额零散、信誉度不高、抵押担保困难。

为了解决这些问题，河南省在财政性融资方面加强了政府引导作用，优化了税收、财政优惠政策，建立了保护财政体系，改革了税费制度，并利用多种手段筹集农业产业化发展资金，加大了对农业产业化开发专项补助资金的额度，给予农业企业和农户财政补贴。在政策性融资方面，加大了政策性银行的信贷融资支持力度，调整了其职能定位和业务范围；建立了农业产业化政策性信用担保机构，采取了政府主导或混合组建模式，完善了市场化运行机制；设立了农业产业化投资基金，成立了混合型基金及专门的管理公司。在商业性融资方面，进行了金融组织体系的创新，积极组建村镇银行，完善了信贷管理体系，培育了贷款公司，优化了融资辅导体系。同时，加强了农户的金融知识教育，健全了农业企业的信贷担保体系，整合了农村现有担保资源，增设了再担保公司。此外，完善了金融支持结构体系，构建了以政策、行业、市场为导向的财政性、政策性、商业性金融支持体系，促进了财政性与商业性融资、政策性与商业性融资的相互发展。

3.广东省农业产业化金融支持体系的实践

广东省作为较早尝试农业产业化的省份，经历了萌芽、初步成长和快速发展三个阶段。在萌芽阶段，珠江三角洲地区出现了"江高模式"，开启了农业产业化经营探索；在初步成长阶段，建立了"两高一优"农产品商品化生产基地，龙头企业带动的产加销一体化经营模式逐步完善；在快速发展阶段，政府高度重视并出台了多项政策，设立了专项财政资金支持农业产业化发展。

然而，广东省农业产业化在发展过程中也面临着一系列问题，包括区域差异大、金融支持总量少且配给失衡、金融机构在农村布局不合理、产品与服务滞后、利率期限设置不当以及市场准入与民间金融受限等。这些问题导致农村金融供需矛盾尖锐，严重制约了农业产业化的发展。为了改善现状，广东省采取了一系列措施。首先，以合作性金融为基础，构建了农村合作融资体系，发挥农民合作社和农村合作金融组织的基础作用，克服信息不对称问题，优化信用环境。其次，以政策性金融为保障构建了风险监管补偿体系，成立了农业专项基金，调整了农业发展银行职能，拓展了业务范围。再次，以商业性金融为主体，构建了农业产业链融资体系，推动了农村商业银行支持农业产业发展，加强了金融产品创新。从此，以微型金融创新为主力，构建了农村普惠融资体系，利用互联网发展了微型金融，满足农户需求。同时，以扩大直接融资比例为方向，培育了农业资本市场融资体系，鼓励农业龙头企业上市融资，建立了农村科技创业投资基金。最后，以民间金融为补充，弥补了正规金融体系的不足，引入了新型金融机构，探索了土地使用权流转增加抵押品；完善了农业保险机制，推动组建了国家农业保险公司，建立了多层次的保险制度和风险分担机制。

4.安徽省农业产业化金融支持体系的实践

"安徽省是人口大省和农业大省，其经济发展离不开农业产业化的发展。"[①]自2010年以来，农业经济多项指标呈现良好发展态势，如农业机械总动力稳步提升，农村电气化用电量持续增长，农村固定资产投资增速较快，单位面积粮食产量屡创新高，农民人均收入稳定增长，且单位耕地化肥使用量逐年下降。

然而，在金融支持方面，安徽省虽取得一定成绩，但仍存在一些问题。农村金融服务方面，虽完成农村合作金融机构改制和金融综合改革推广，但仍有提升空间。政府投入方面，财政支持农村资金的支出增速较快，但总体增速未跟上财政支出增速，且财政支持农村占财政支出的比重有所下降。金融机构投入方面，农业贷款金额和占比均较低，信贷不足问题尤为突出。农业基础设施投入方面，农村固定资产投资比重呈下降趋势。此外，财政支持农村资金效率低，涉及多部门且缺乏协调和监管机制；农业金融支持总量不足，包括金融机构支持农村力度薄弱、证券市场作用不明显、农业保险品种不全且覆盖面不广、民间信贷成本较高等；金融支持难以满足农业产业化龙头企业发展需求；农民对金融支持认识不足。

为应对这些挑战，安徽省采取了一系列应对措施。①加大财政支持农村和政策扶持力度，包括增加财政投入、完善政策扶持、提高政府监管水平。②构建完善的金融机构支持农村体系，完善农村金融服务，加强金融产品和服务创新，培育农业资本市场融资体系，重视农村保险业务的发展。③推动金融支持农村做大做强农业产业化龙头企业并发挥其带动作用，借鉴先进经验，提升龙头企业的发展水平。④完善农业产业化金融服务，加强金融知识宣传，增加乡镇金融机构的数量，简化贷款流程。

---

①程艳,龚洁松.安徽省农业产业化的金融支持体系建设研究[J].通化师范学院学报,2018,39（3）：88.

（二）农业产业化金融支持体系的启示

通过对福建、湖南、广东、安徽等省农业产业化金融支持体系的实践案例进行分析，我们可以得出以下重要启示：

首先，完善的金融体系是农业产业化发展的关键支撑。各省份的实践证明，金融机构的有效参与和合理布局至关重要。商业银行应积极调整经营策略，以更好地适应农业产业化的需求；政策性银行需明确自身职能定位，充分发挥政策引导作用；农村信用社要不断完善治理结构，提高服务能力；小额信贷机构等新型金融组织可补充金融服务空白，共同形成多层次、多元化的金融服务格局。

其次，政府要加大财政投入，确保财政支持农村资金的合理分配和高效使用，同时制定切实可行的政策，引导金融资源流向农业产业化领域，并建立健全风险补偿和利益补偿机制，以降低金融机构支持农村的风险，提高其积极性。

再次，完善的信用担保体系能够有效解决农业企业和农户的贷款难问题，降低金融机构风险；农业保险体系的建立和完善，则可为农业产业化发展提供风险保障，提高农业产业的抗风险能力。

最后，金融创新是推动农业产业化发展的动力源泉。金融机构应根据农业产业的特点和农村金融的需求，创新金融产品和服务模式，如开发适合农业生产周期的贷款产品、拓展农业产业链金融服务、利用互联网技术开展金融业务等，以更好地满足农业产业化发展的多样化金融需求。

四、农业产业化金融支持体系的优化策略

（一）加强农村信用体系建设

完善金融立法与规范民间金融：完善金融立法，积极赋予农村民间合作金融组织合法地位，并依法规范其业务行为，是保障农村信用体系健康发展的重要举措。通过立法明确民间金融组织的权利与义务，规范其业务操作流程，我们可以有效防范金融风险，保护农民和中小企业的合法权益。同时，积极维护农村金融市场的竞争秩序，防止市场垄断和不正当竞争行为，提升金融运行的质量和效益。

增强农民信用意识与打击恶意拖欠行为：信用是金融的基石，增强农民

的信用意识是改善农村信用环境的关键。应通过宣传教育、示范引导等方式，强化农民的诚信观念，使他们认识到守信的重要性。同时，加大对恶意拖欠、逃废债等行为的打击力度，依法追缴欠款，维护金融秩序。运用奖惩并举的方式，营造"守信光荣、失信可耻"的信用氛围，为农业产业化金融支持体系提供良好的社会环境。

完善信贷登记咨询管理系统：为进一步提升金融市场的整体运作效率和风险管理水平，我们有必要对现有的信贷登记咨询管理系统进行完善和升级。这包括建立健全全面的信贷登记咨询管理系统，以及进一步完善企业和农户信用等级评定制度。通过持续对企业和农户的信用记录进行动态管理和跟踪，我们可以形成有效的市场约束机制。这有助于确保贷款顺利发放、合理使用并最终实现顺利回收。这样的措施不仅能显著提高金融机构的风险管理能力，降低不良贷款率，而且还能促进整个社会信用环境的根本好转，为经济的健康发展提供坚实的基础。

（二）构建分工合作、功能互补的金融支持体系

发挥人民银行的引领作用：人民银行应充分发挥货币政策对农业产业化的引导和扶持作用。我们可以通过改进支持农村再贷款的管理办法，适当延长农村再贷款的期限，使其符合农业的特点。同时，人民银行要加强对产业化金融支持体系的监管考核，既要防范风险，又要促进业务发展。

拓展农业发展银行功能定位：农业发展银行必须适应农业产业化发展的要求，拓展其发挥作用的范围。除继续承担农副产品收购、农业基本建设和农业综合开发等政策性任务外，还应积极支持农业可持续发展和农业产业化经营，通过创新金融产品和服务，满足农业产业化过程中的多元化金融需求。

调整农业银行的发展思路：农业银行应调整发展思路，将支持重点转向农业龙头企业和涉农企业。农业银行可以通过优化资源配置，加大对优质乡镇企业的支持力度，并推动其实现二次创业和产业升级。同时，农业银行要做好与农村信用社的市场差异化定位，避免恶性竞争和资源浪费。

加快农村信用社改革：农村信用社应加快改革步伐，积极发挥其在农村金融中的主力军作用。农村信用社可以通过恢复其作为农民合作金融组织的本来面目，提升服务质量和效率。同时，农村信用社应加强与农业银行等金融机构的协调配合，实现功能互补和业务代理，扩大农业产业化金融支持的覆盖面并提高其满足度。

支持民间金融组织发展：政府应在一些领域给予民间金融组织合法地位，如扶贫社、社区性互助金融组织、专业性金融服务组织等。允许其从事存贷款业务，为区域内农民及中小企业提供专业化金融服务。通过民间金融组织的参与，可以丰富农业产业化金融支持的渠道和方式，提高金融支持的灵活性和针对性。

（三）建立健全多层次的农业保险体系

开展农业政策性保险：政府应加大对农业保险的政策支持力度，通过补贴或委托代理等方式给予资金扶持。政府的这种支持不仅能够减轻农民的经济负担，还能提高农民参与农业保险的积极性。同时，鼓励发展多种经营形式的农业保险组织，如国家政策性农业保险公司和互助合作性质保险组织。这些组织形式能够更好地适应不同地区、不同农作物的保险需求，通过政策性保险的引领，推动农业保险市场健康发展。

探索高效合理的农业保险发展模式：鼓励现有商业保险公司开发农业保险业务，进入农业保险市场为原保险提供再保险支持。商业保险公司的参与能够丰富农业保险产品种类，满足更多农民的多元化需求。同时，探索除不动产抵押之外的动产抵押、仓单质押、权益质押等多种担保形式，降低农业保险的融资成本，使农民更加便捷地获得保险服务。此外，引进擅长农业保险的外资保险公司，引入先进的经营管理理念和技术手段，提升农业保险的保障能力和服务水平，为农民提供更加专业和高效的保险服务。

完善农业保险风险防控机制：建立健全农业保险风险防控机制，加强对农业保险业务的监管和指导。完善风险评估、监测和预警机制，及时发现并化解潜在风险，确保农业保险市场的稳定运行。同时，加强农业保险知识的宣传教育，提升农民的保险意识和风险防范能力，使农民能更加明智地选择和利用农业保险，从而更好地保护自己的利益。

（四）加强金融生态环境建设

1.完善农村金融基础设施

在支付体系建设方面，应大力推广移动支付、网上支付等现代化支付手段在农村地区的应用，增设支付终端设备，如 ATM 机、POS 机等，确保农民能够便捷地进行资金收付、转账汇款等操作，减少现金交易带来的不便与风险。

在征信体系完善方面，需整合多部门信息资源，将农民的农业生产数据、信贷记录、水电费缴纳情况等纳入征信范畴，构建全面、准确的信用档案。利用大数据、云计算等技术手段对信用数据进行分析处理，为金融机构的信贷决策提供可靠依据，降低因信息不对称带来的风险，提高金融机构服务农村的积极性。

在金融统计体系建设方面，要注重数据的及时性、准确性与完整性。对农村金融市场的资金流量、流向、信贷规模、利率水平等关键指标进行精准统计与分析，以便监管部门实时掌握农村金融运行态势，为政策制定提供数据支撑，促进金融资源合理配置，提升金融服务效率与质量。

2. 促进农村经济多元化发展

各地应立足本地资源优势，因地制宜地培育特色产业。如山区可以发展林下经济、特色养殖，平原地区可以发展高效农业、农产品深加工等。

乡村旅游潜力巨大，可挖掘乡村的自然风光、民俗文化和历史遗迹等旅游资源，开发农家乐、民宿、乡村采摘等旅游项目，吸引城市游客前来体验。这将带动餐饮、住宿、交通等相关产业的发展，进而增加农民收入。

农村电商作为新兴业态，要加强电商平台建设，完善物流配送体系，培养农民电商人才。这些措施可以帮助农民将农产品推向更广阔的市场，提升农产品的附加值。政府应出台税收优惠、财政补贴等政策，引导社会资本投入农村经济建设，助力农村经济可持续发展，为金融支持创造良好的产业基础。

3. 加强金融监管与风险防范

监管部门要构建严格且适配农村金融特点的监管机制，明确监管职责与标准，加强对农村金融机构市场准入、业务运营、风险控制等环节的全方位监管，确保其稳健合规经营。

在风险防范体系建设方面，应借助先进技术手段，如建立风险预警模型，对金融机构的流动性风险、信用风险、市场风险等进行实时监测与预警，以便及时采取措施化解风险。同时，要通过开展金融知识讲座、培训课程、发放宣传资料等多种形式，深入农村开展金融知识普及教育活动，向农民和中小企业传授信贷知识、理财技巧、风险防范要点等内容，提升其金融素养，增强其风险防范意识，营造健康稳定的农村金融生态环境。

第四节　农村金融支持体系的创新制度

随着农业产业化、规模化经营的持续推进，农村金融需求日益多样化且规模持续增长。然而，当前农村金融面临诸多困境，构建创新的农村金融支持体系制度迫在眉睫。

一、政策环境支持与保障体系的深度塑造

在农村金融支持体系创新过程中，政策环境支持与保障体系的重塑处于核心地位。构建精准且详尽的农村金融生态环境优化框架是首要任务，其中涵盖机构准入规则的精细化制定。需明确规定各类金融机构进入农村金融市场的资质条件、业务范围限制及运营规范要求等；科学设定存贷比考核标准，依据农村金融业务特点及风险状况，确定合理的存贷比区间，引导金融资源的有效配置；严谨确立资本计量规范，确保金融机构资本充足率符合农村金融风险抵御需求；合理界定不良贷款比率容忍度准则，充分考虑农业生产的不确定性及农村金融市场的特殊性，给予金融机构适度的风险缓冲空间。构建上述多维度规则体系可以为金融机构在农村金融领域开展创新活动提供清晰、精准的导向。

财政支持农村体制改革是政策环境优化的关键环节。鉴于当前财政支持农村政策资源分散、中央与地方财权事权关系模糊的现状，深度梳理与整合迫在眉睫。系统分析农业生产各环节、农村基础设施建设及农民生活保障等方面的资金需求有助于重新划分中央与地方在支持农村投入中的职责与资金分配比例，确保财政支持农村政策在规划、执行与监督过程中的稳定性、一致性和有效性，避免因政策波动或职责不清导致的资金浪费与支持不足问题。

金融服务创新激励机制的构建是激发农村金融活力的重要手段。应实施差异性存款准备金政策，依据金融机构在农村金融业务中的规模、风险控制水平及创新投入等因素，差异化调整存款准备金率，为积极拓展农村金融业务且风险可控的机构释放更多可贷资金。同时，合理运用支持农村再贷款政策，精准评估金融机构的农村信贷需求与资金使用效率，为其提供低成本资金支持，降低创新成本压力。此外，配合税收优惠、财政补贴等财税政策，

形成全方位、多层次的政策激励体系，有效激发金融机构投身农村金融服务创新的积极性与主动性。

政策性金融改革是完善农村金融支持体系的重要支撑。农业政策性金融机构应加快职能转变步伐，突破传统业务局限，从单一的粮棉油收购资金管理与流通环节信贷服务，向涵盖农业综合开发、产业化推进及农村基础设施建设等多元领域的全方位农村服务转型。同时，推进体制机制变革，优化内部组织架构，提升决策效率与执行能力；加速信贷业务创新，依据农业产业链各环节特点及农村经济发展需求，设计开发针对性强、风险可控的信贷产品与服务模式，精准定位其在农村金融市场中的核心功能，切实回归服务农业发展的本质属性。

监管制度创新是维护农村金融秩序稳定的必要保障。实施差别化监管策略时，需充分考量农村金融机构的规模差异、业务特性及风险类型，制定与之相适配的监管标准与规范。应将金融服务质量提升与效率优化纳入监管核心目标体系，运用风险监管工具动态监测农村金融机构的风险状况，及时预警并处置潜在风险；借助激励监管手段，对积极创新且风险管控良好的机构给予监管政策优惠与业务拓展支持；采用分类监管方式，根据金融机构的业务类型与风险等级进行分类管理，确保监管资源的高效配置与精准发力，构建稳定、有序且充满活力的农村金融监管生态。

二、农村担保体系和信用体系的全方位完善

农村信贷担保法规体系的完善是农村金融担保业务有序开展的基石。随着农村市场化改革的持续推进，农村经济结构与产权关系发生深刻变革，现行担保法规的滞后性逐渐显现。因此，需紧密结合农村经济发展实际与金融市场需求，修订与完善农村信贷担保法规，明确农村各类资产的权属界定、抵押登记程序及处置规则，消除因法律模糊性导致的担保业务障碍，为农村金融担保业务提供坚实、完备的法律支撑框架。

担保品种范围的扩充是缓解农村融资担保难题的关键举措。应深度挖掘农村资产资源价值，将农村承包经营权所包括的承包地使用权、宅基地使用权、水域滩涂养殖权、林木种植权等，以及农村经济活动中产生的房屋所有权、存货、活体动物、农业订单、应收账款等资产所有权，还有具有重要价值的农业科技专利权等知识产权，全面纳入农村金融抵（质）押品范围。在此基础上，积极探索创新担保模式，如推行联户信用担保贷款，通过农户间

的信用联合与风险共担机制，提高贷款信用额度；发展无抵押担保贷款，依据农户信用记录、生产经营状况及未来收益预期等综合因素，构建信用评估模型，为信用良好的农户提供无抵押担保贷款支持，有效拓宽农村融资渠道。

建立国家农贷担保机制是分担农业信贷风险的重要保障。应大力推行惠农补贴担保机制，整合各类农业补贴资金，设立专项担保基金，为农户小额贷款提供担保支持，降低农户贷款门槛；积极开展农户小额扶贫贴息贷款业务，精准识别贫困农户信贷需求，给予贴息优惠，减轻农户贷款利息负担。持续优化农村信贷抵押担保机制，完善风险分担流程与规则，合理分散农业信贷风险在金融机构、政府部门及农户之间的分布，提升金融机构支持农村信贷投放的积极性与稳定性。

农村信用体系建设是提升农村金融服务效率与质量的核心环节。应构建企业与农户信用评级授信体系，综合考量企业与农户的资产负债状况、生产经营能力、信用历史记录及社会声誉等多维度因素，运用科学的信用评估模型与方法，确定其信用等级与授信额度。建立全面、准确且动态更新的信用档案和信用信息数据库，整合金融机构、政府部门、行业协会及社会信用服务机构等多渠道信用信息资源，打破信息孤岛，实现信用信息的共享与互联互通。大力推广信用等级贷款证等信用贷款机制，依据企业与农户的信用等级，简化贷款审批流程，提高贷款发放效率，逐步提升农村信贷征信体系的科学性、完备性与准确性，为农村金融市场健康发展营造良好的信用环境。

三、支持农村的金融服务体系深度优化

（一）组织体系创新：构建多元协同的农村金融支持架构

农业政策性银行功能架构的完善是强化农村金融政策支持的关键。要强化其政策性金融职能的核心地位，推动其从传统的单一业务模式向农村综合性金融服务机构转型。在转型过程中，需精准界定金融业务拓展方向，实现从聚焦粮食流通领域信贷服务向全面覆盖农业产业链各环节的政策性信贷支持转变，包括农业生产资料购置、农业科技研发推广、农产品加工与销售等领域的金融支持。同时，要深化法人治理结构改革，全方位优化内部组织机构设置，构建科学合理的决策机制，确保决策过程的专业性、民主性与高效性；完善人事制度，吸引并留住金融专业人才，提升员工素质与业务能力；优化收入分配体系，建立与绩效挂钩的薪酬激励机制，激发员工工作积极性；

加强运营管理，提升资金运营效率与风险管理水平；健全监督机制，加强内部审计与外部监管的协同，确保经营活动合法合规、稳健有序，构建严谨有序、科学高效的经营机制，充分发挥农业政策性银行在农村金融市场中的引领与示范作用。

农村合作金融服务功能的强化是满足乡村多元化金融需求的重要途径。要规范农村合作金融组织的秩序建构，依据法律法规及农村经济社会发展需求，引导村民依法自愿组建农村合作银行，确保其组织形式合法合规、运营机制民主透明。同时，积极设立政策性农业投资公司和农业产业发展基金，整合政府、企业与社会资本，聚焦农业产业化发展的重点项目与关键领域，提供长期稳定的资金支持与战略引导。要稳步推进农信社产权改革，明晰产权归属关系，优化股权结构，提升资本实力与抗风险能力；加快市场化和股份制转型步伐，引入现代金融企业管理理念与技术，完善法人治理结构，提升经营管理水平，助力农信社从传统"草根金融"向现代金融企业跨越发展。此外，要加强农信社区域间资源整合，构建区域性资金融通网络，促进资金在区域内的优化配置与高效流动，强化农村金融服务的合作互助保障能力，提升农村合作金融整体服务效能与市场竞争力。

推动商业金融涉足涉农领域是丰富农村金融市场主体与服务的必然选择。规范民间金融发展秩序，在风险可控的前提下，放宽市场准入限制，简化审批程序，鼓励民间资本依法有序进入农村金融市场。此外，运用法律手段加强对民间金融机构的引导与规范，明确其业务范围、经营规则与监管要求，促进其合法合规运营，使其成为农村金融市场中独立、活跃且具有竞争力的市场主体。提升商业银行农业信贷积极性是关键环节，需制定针对性强的政策优惠措施，如税收减免、财政贴息、风险补偿等，降低商业银行涉农业务成本与风险；建立科学合理的考核评级体系，将农业信贷业务指标与商业银行综合考核挂钩，并与利税分配紧密关联，激励商业银行加大农业信贷资源配置；允许商业银行参股农合社，促进金融资本与农业产业资本深度融合，拓展金融服务渠道与创新空间，促使商业银行在积极响应国家支持农村政策的同时，实现自身业务的可持续发展与盈利增长。同时，要吸引外资银行参与农村金融服务，制定优惠政策与开放合作机制，鼓励其设立涉农贷款公司或全资村镇银行，引入国际先进金融理念、技术与管理经验，拓宽农村融资渠道，提升农村金融的国际化水平与服务质量。

（二）金融机制创新：激发农村金融服务内生动力

拓宽金融机构融资渠道是提升农村金融资金供给能力的基础。要加强产权结构建设，优化股权设置与资本结构，吸引多元化资金主体入股，如农业产业化企业、农村专业合作社、民间资本及战略投资者等，以丰富资金来源，弥补股权与债务融资短板，降低融资成本，减少资金依赖单一渠道的风险。要强化机构间合作机制，推动金融机构之间的联保合作，建立担保基金与风险保证金制度，通过联合增信方式提升整体信用水平，探索联合信用贷款模式，整合各方资源优势，以扩大贷款规模与覆盖范围。同时，要积极发展资金拆借市场，完善市场交易规则，加强基础设施建设，促进金融机构间短期资金的高效融通，畅通横向资金融通渠道，提高资金配置效率，增强农村金融市场资金流动性与稳定性。

创新金融产品与服务方式是满足农村多元化金融需求的核心。要紧密结合地域经济特色与农业产业发展需求差异，因地制宜地开发创新金融产品。针对农村创业群体，设计开发创业贷款产品，提供启动资金支持与创业指导；关注农民消费升级需求，推出农户小额消费贷款，满足其在教育、医疗、耐用消费品购置等方面的资金需求；为提升农户规模化经营能力，创设农户团体贷款与个体专项贷款产品，满足其生产经营资金集中需求；为助力涉农中小企业发展，发行涉农中小企业集合债券，拓宽企业融资渠道；适应农村资产购置与农业生产设备更新需求，开展按揭贷款及融资租赁业务；突破传统抵押担保限制，积极探索无抵押担保贷款等创新信贷产品，构建多元化金融产品体系，开辟便捷高效的金融服务通道。同时，要充分利用现代金融科技工具，特别是网络技术，搭建线上金融服务平台，提供信贷咨询、网上银行、移动支付等便捷服务。以"惠农卡"为载体，下沉营业网点，布局流动网点与自助网点，将金融服务触角延伸至农村偏远地区，弥补农村物理网点不足，实现金融服务的个性化、特色化与智能化创新，提升农村金融服务的可及性与满意度。

创新信贷经营方式是提升农村金融服务质量与风险防控能力的关键。要简化农户小额贷款的审批程序，运用大数据、人工智能等技术手段，构建智能化信用评估与风险预警模型，快速准确地评估农户信用状况与贷款风险，减少人工干预和繁琐环节，提高贷款审批效率。同时，要根据农户生产经营周期与资金回流时间规律，量身定制还贷方式，如采用分期还款、按季付息到期还本等灵活方式，减轻农户还款压力，确保贷款资金与农业生产经营现金流相匹配。对于重点客户和优质客户实施"一站式"服务，整合金融产品与服务流程，提供综合金融解决方案，并给予优惠利率，增强客户黏性，提升他们的忠诚度。此外要积极探索开发订单与保单联合的金融产品，将农业订单价值与农业保险保障功能有机结合，实现信贷风险的有效分散与转移，优化信贷资源配置，保障银行在安全运营的前提下实现收益稳定增长，促进农村金融市场供需双方的良性互动与可持续发展。

四、农业投资风险保障体系的有力强化

建立健全风险控制机制是保障农业投资安全的首要防线。要整合农业科研机构、农业技术推广部门与金融机构等多方资源，搭建农业技术与信息服务平台。借助平台向农民广泛推广优良品种，提供先进的种植养殖技术培训，普及病虫害防治知识，提升农民的农业生产技术水平与抗风险能力。同时，针对不同地区农业生产特点与风险类型，制定完善的灾害应急处理预案，建立灾害预警监测系统，提前预判自然灾害与市场风险。一旦风险发生，能够迅速启动应急响应机制，采取有效的防灾减灾措施与市场风险对冲策略，降低风险损失程度，确保农业生产经营活动的稳定性与可持续性。

设立农业生产风险保障基金和信贷风险补偿基金是稳定农业生产与金融支持的重要保障。农业生产风险保障基金主要针对自然灾害、重大病虫害等不可抗力因素导致的农业生产损失给予及时、合理的补偿，帮助农民恢复生产能力，保障农业生产的连续性。信贷风险补偿基金聚焦于因市场波动、农产品价格下跌等市场因素引发的贷款违约风险，对金融机构的贷款损失进行一定比例的补偿，降低金融机构涉农信贷风险预期，鼓励其加大农业信贷投放力度，稳定农业信贷资金供给，缓解农民因风险担忧而产生的融资困难，促进农业产业与农村金融的协同发展。

完善农业生产保险机制是强化农业投资风险保障的关键支撑。政府应加大对农业保险的政策支持与财政补贴力度，通过保费补贴、税收优惠、再保险支持等多种措施，降低农民投保成本与保险公司经营风险，提高农业保险的覆盖面，提升保障水平。要加快农业保险产品的研发与创新步伐，根据农业产业结构调整与新型农业经营主体的风险保障需求，开发多元化、个性化的农业保险产品，如农产品价格指数保险、气象指数保险、农业收入保险等创新险种，丰富保险责任范围，优化赔付方式，提升农业保险的风险保障能力与精准度。同时，要加强农业保险市场的培育与监管，规范保险公司的经营行为，提升服务质量与理赔效率，推动农村保险事业的蓬勃发展，为农村

金融创新筑牢坚实的风险保障防线，增强农业产业抵御风险的韧性与稳定性。

五、农村金融法律保障体系的系统健全

金融机构主体法的制定是规范农村金融机构运营的根本依据。针对农村金融市场不同类型的金融机构，应制定包括《农业政策性银行法》《农村合作金融法》《农村民间金融法》《村镇银行法》等在内的系列法律法规。在各主体法中，需明确规定金融机构的设立宗旨，确保其与农村金融服务需求和政策导向高度契合；清晰界定经营原则，规范其业务经营行为，使其遵循安全性、流动性与效益性相平衡的原则以及服务"三农"的社会责任原则；精准确定服务对象，确保金融服务覆盖各类农业经营主体与农村居民；详细规范业务范围，防止金融机构业务过度扩张或偏离支持农村的主业；严格设定法律责任，对违法违规经营行为制定严厉的处罚措施，以实现对农村金融机构的规范化引导与精细化管理，维护农村金融市场秩序与公平竞争环境。

专门性配套法律的制定是完善农村金融法律框架的重要补充。应制定《农业信贷法》，规范农业信贷业务的操作流程、利率定价机制、贷款期限以及还款方式等关键环节，保障信贷双方的合法权益；出台《农村金融机构破产法》，明确农村金融机构破产的条件、程序及清算规则，建立有序的市场退出机制，防范金融风险扩散；制定《农村金融机构监督管理法》，整合金融监管资源，明确监管主体的职责、监管对象的范围、监管内容的重点以及监管的方式和手段，构建统一、高效的农村金融监管体系，确保农村金融机构稳健运营与金融市场稳定。这些专门性配套法律与金融机构主体法共同构成完善的农村金融法律框架，为农村金融体系建设与创新提供坚实的法律制度保障。

强化金融制度的持续完善与监管是确保农村金融法律有效实施的关键环节。在法律框架的基础上，应持续优化农村金融相关制度，如信用评级制度、信息披露制度、风险管理制度等，提升制度的科学性、合理性与适应性。同时，要加强金融监管，重视监管机构的建设与人员专业素质的提升，运用现场检查与非现场监测相结合、大数据分析以及构建风险预警模型等监管技术手段，对农村金融机构的经营活动进行全方位、动态化的监管。此外，要加强监管协调与合作，促进不同监管部门之间的信息共享与协同执法，严厉打击非法金融活动与金融违法违规行为，确保农村金融体系建设与创新在严格的法律制度约束与有效监管下有序推进，实现农村金融市场的健康、稳定与可持续发展。

第四章　金融支持农村经济发展的
实践探索

金融支持农村经济发展已成为社会共识。本章将基于现实基础，借鉴国内外成功经验，探索金融支持农村经济发展的一般路径。通过案例分析、经验总结，我们将为农村金融实践提供可操作的建议，推动农村经济持续健康发展。

第一节　金融支持农村经济发展的现实基础

一、金融支持农村经济发展的类型

（一）农村政策性金融支持

在农村经济发展的全过程中，政策性金融支持发挥着至关重要的作用。政府部门依托国家信用作为坚实后盾，利用财政资金作为有力的支撑，采取一系列支持措施，旨在弥补商业金融在农村地区的不足。政策性金融为农村的全面发展提供了不可或缺的金融助力，其核心目标是推动农村经济健康、稳定且可持续发展，从而提升农村整体的社会经济效益。同时，这些措施还致力于切实增加农民的经济收入，以期缩小城乡之间的经济差距，促进社会的整体和谐与进步。

（二）农村合作性金融支持

农村合作性金融支持是在我国农村经济发展中广泛落地生根且成效显著

的金融模式，它高度契合我国农村独特的社会经济发展实际情况。我国农村地域辽阔，农户居住分散，农业生产经营活动规模较小，且具有较强的分散性和季节性特点。农村合作金融机构正是基于这些特点应运而生，具有明显的非营利性特征，始终坚守自愿、平等、互助的原则。

在农村信贷业务开展过程中，农村合作金融机构展现出极大的灵活性。它们深入了解农村地区的金融需求特点，能够精准地满足那些贷款额度小、分散性强、频率高的金融需求。例如，在农忙时节，农户可能需要短期小额资金用于购买农资、租用农机等，农村合作金融机构能够迅速审批并发放贷款，解决农户的燃眉之急。

农村信用社作为农村合作性金融支持的主要代表机构，在农村金融领域深耕多年。它秉持平等自愿、互助自助的理念，积极在农村地区拓展业务。通过广泛设立网点，深入农村各个角落，农村信用社有效筹集起农村闲散资金，实现资金的集聚。随后，对这些资金进行合理的组织和调节，将其精准投放至农村经济发展的各个关键环节。无论是支持农村个体工商户的经营发展，还是助力农村专业合作社扩大生产规模，农村信用社都发挥了重要的作用。通过这些举措，农村信用社有效促进了农业生产的顺利进行，推动了农村经济的繁荣发展，增强了农村经济的内生动力。

（三）农村商业性金融支持

农村商业性金融支持是社会经济不断发展演变的产物，在农村金融体系中占据着重要的地位。其金融机构主体包括中国工商银行、中国农业银行、中国建设银行等大型国有银行以及众多其他股份制商业银行。这些金融机构在开展农村商业性金融支持业务时，有着明确的经营目标与清晰的经营范围。

理论上，它们凭借自身雄厚的资金实力和丰富的金融服务经验，能够为农村经济发展提供强有力的金融支持。然而，在我国当前实际情况下，农村商业性金融支持仍存在诸多亟待解决的问题。尽管部分农村地区已经设立了地方农村商业银行，但这些银行多采用合作模式运营，在业务开展过程中，其业务重心并未完全聚焦于农村地区，而是更多地将资源和精力投向了城市和大型企业等利润更为丰厚的领域。即便存在这样的现状，这些金融机构依然会在一定程度上对农村地区配置资金资源。它们通过发放不同期限的贷款，对农村产业进行扶持。例如，对于一些具有发展潜力的农村特色产业，如特色农产品种植、乡村旅游等，会提供中长期贷款，帮助这些产业扩大规模、提升品质。但由于农村商业性金融支持存在的这些局限性，农村地区获得的金融服务无论是在数量上还是质量上，都难以充分满足农村经济快速发展的需求，这在一定程度上制约了农村经济的发展步伐。

（四）农村民间性金融支持

农村民间性金融支持是在农村正规金融机构无法完全满足实际金融需求的背景下，逐渐兴起并发展起来的。当正规金融机构因种种原因，如风险评估标准、业务覆盖范围等限制，无法为农村经济主体提供足够的金融服务时，非正规金融机构或个体便适时地填补这一空白，提供相应的金融服务。

目前，农村民间性金融支持的主要形式是民间贷款。这种金融支持方式源于农村经济发展的实际需求，具有较强的灵活性与连续性。民间金融从业者往往对当地农村经济状况和农户信用情况有深入的了解，能够凭借自身的经验和人脉，为资金需求者提供更具针对性的金融服务。他们在长期的业务实践中，积累了丰富的风险处理经验，具备一定的风险处理能力。例如，在一些农村地区，农户之间相互熟悉，民间贷款往往基于彼此的信任和了解而发生。贷款人能够较为准确地评估借款人的还款能力和信用状况，从而在一定程度上降低信用风险。然而，农村民间性金融支持也存在一些不容忽视的问题，如缺乏规范的监管机制，容易引发金融纠纷和风险，这需要在发展过程中逐步加以规范和完善。

二、金融支持农村经济发展的环境

（一）金融支持农村经济发展的政策环境

国家高度重视农村金融发展，出台了一系列政策法规，旨在营造良好的政策环境，促进金融资源向农村地区倾斜，加大金融对农村经济发展的支持力度。

在宏观政策导向方面，国家将"三农"问题作为经济工作的重中之重，明确提出要加大对农村金融的支持力度，引导金融机构服务农村实体经济。例如，国家制定了《关于金融支持农业规模化生产和集约化经营的指导意见》等政策文件，鼓励金融机构创新金融产品与服务模式，以满足新型农业经营主体的金融需求；在乡村振兴战略背景下，国家发布了《乡村振兴战略规划（2018－2022年）》，其中对农村金融支持乡村产业发展、农村基础设施建设、农村生态环境保护等方面提出了具体要求与指导意见，为农村金融发展指明了方向。

财政政策在农村金融领域发挥着重要的激励与引导作用。政府设立了多种财政专项资金，如农业贷款贴息资金、农村金融机构风险补偿基金等。农业贷款贴息资金对金融机构发放的农业贷款给予一定比例的利息补贴，降低了农户和农业企业的融资成本，提高了金融机构发放农业贷款的积极性。例如，部分地区对符合条件的农业贷款给予 3% 的贴息，使农户实际承担的贷款利率大幅降低；农村金融机构风险补偿基金则对金融机构因发放农业贷款而产生的部分风险损失进行补偿，提高了金融机构的风险抵御能力，鼓励其加大对农村经济的信贷投放力度。

在税收政策方面，国家对农村金融机构实施了税收优惠政策。例如，对农村信用社、村镇银行等金融机构的涉农贷款利息收入免征增值税，并对其所得税给予一定程度的减免。这些税收优惠政策减轻了农村金融机构的经营负担，提高了其盈利能力，有助于农村金融机构持续稳定地为农村经济提供金融服务。

货币政策工具在农村金融中的应用也不断加强。央行通过运用支持农村再贷款、差别存款准备金率等货币政策工具，有效调节农村金融市场的资金供求状况与流动性。支持农村再贷款以较低的利率向农村金融机构提供资金支持，这些机构再将资金贷给农户和农业企业，从而显著增加农村地区的信贷资金供给，并降低融资成本。差别存款准备金率政策则根据农村金融机构涉农贷款的投放情况，对其存款准备金率进行差异化调整，以鼓励金融机构增加涉农贷款投放，提高农村金融服务的可获得性。

地方政府也积极响应国家政策，结合本地实际情况，出台了一系列配套政策措施。例如，山东省实施了《"十强"产业行动计划（2024—2025年）》，旨在加速金融产业发展，更好地服务乡村振兴；吉安县出台了《吉安县金融支持县域经济发展考核方案》，鼓励金融机构加大信贷投放力度，推动普惠金融服务在农村社区的普及；湖南省通过了《湖南省金融支持全面推进乡村振兴加快建设农业强省实施方案》，鼓励金融机构增加对新型农业经营主体的贷款投放，并推出农村产权融资试点；温州市发布了《温州市进一步推动经济高质量发展若干政策》，明确加大财政支持力度，用于乡村振兴和城乡一体化发展。此外，地方政府还可以设立农业产业发展基金，引导社会资本投资农业产业项目；建立农村信用担保体系，为农户和农业企业贷款提供担保服务，有效解决其融资担保难题。

（二）金融支持农村经济发展的信用环境

1.信用体系建设的成效

农村信用体系建设经过多年的努力已经取得一定的成效。在许多地区，为了改善农村金融生态环境，增强金融机构对农村地区的信贷投放意愿，已逐步建立了农户信用档案。这些信用档案详细记录了农户的基本信息、生产经营状况、信贷记录等多方面内容，为金融机构评估农户信用风险提供了重要依据。以安徽省金寨县为例，当地积极推进农村信用体系建设，辖区内大部分农户的信用信息已被全面采集并录入系统，同时创新性地推出了信用分级制度。根据农户的信用状况将其划分为不同等级，并针对不同等级提供差异化的金融服务。如信用等级较高的农户，可以享受更便捷的贷款审批流程、更高的贷款额度和更优惠的贷款利率。

2.信用环境对金融支持的影响

良好的信用环境是农村金融健康发展的基石，对金融支持农村经济发展具有积极的促进作用。在信用环境良好的地区，金融机构能够更加准确地评估风险，降低信贷风险成本。由于借款人信用意识较强，还款意愿和还款能力有保障，金融机构更愿意提供贷款支持，并能够以更优惠的条件发放贷款，如降低贷款利率、延长贷款期限等。这不仅有助于农村经济主体获得更多资金支持，降低融资成本，还能促进农村金融市场的良性循环，推动农村经济繁荣发展。

反之，信用环境不佳会成为农村金融发展的严重阻碍。在信用环境差的地区，金融机构为了规避风险，往往会提高贷款门槛，要求借款人提供更多担保或抵押物，甚至直接减少贷款投放。这使得许多有资金需求的农村经济主体难以获得必要的金融支持，制约了农村产业的发展和农民收入的增长。例如，一些农村小微企业由于缺乏有效抵押物，再加上当地信用环境不理想，即使有良好的发展前景和项目，也难以从金融机构获得足够贷款，导致企业发展受限，无法充分发挥其对农村经济的带动作用。同时，信用环境差还会导致金融机构的不良贷款率上升，影响金融机构的稳健经营，进一步削弱金融机构对农村地区的支持能力。

（三）金融支持农村经济发展的市场环境

1. 金融市场的发展与差异

与城市金融市场相比，农村金融市场存在明显差距。在交易手段上，农村地区的金融基础设施相对薄弱，现代化交易方式推广困难。许多农村地区仍主要依赖传统的现金交易和柜台业务，而电子支付、网上银行等便捷的现代化交易方式普及程度较低。这不仅增加了交易成本，降低了交易效率，还限制了农村金融市场与外部市场的互联互通。以安徽省为例，农村地区金融市场的发展明显滞后于城市，金融产品和服务的种类相对单一，难以满足农村经济主体多样化的需求。在城市中广泛应用的金融衍生品、供应链金融等创新产品和服务，在农村地区的推广和应用面临诸多挑战。

此外，不同地区的农村金融市场发展也呈现出明显的不平衡态势。在一些经济发达的农村地区，由于产业基础较好，农民收入水平较高，金融市场相对活跃。金融机构在这些地区的网点布局较为密集，金融产品和服务创新能力较强，能够为农村经济发展提供较为全面的金融支持。而在一些偏远地区，由于经济发展水平相对落后，交通不便，信息流通不畅，农村金融市场则较为薄弱。金融机构网点稀少，金融服务覆盖不足，农村经济主体获得金融服务的难度较大。这种地区间的发展差异进一步加剧了农村金融资源配置的不均衡，制约了农村经济的整体协调发展。

2. 市场竞争与金融创新

市场竞争是推动金融创新的重要动力，但在农村金融市场，市场竞争的缺乏常常导致农村金融机构创新动力不足。在部分农村地区，金融机构垄断现象严重，如一些地区的农村信用社占据农村商业性金融的主导地位。由于缺乏有效的市场竞争，这些金融机构在经营过程中缺乏创新的紧迫感和动力，服务质量和效率难以提升，金融产品和服务种类单一，难以满足农村经济发展日益多样化的需求。

而在市场竞争较为充分的地区，金融机构为了在竞争中脱颖而出，争取更多的市场份额，更有动力去创新金融产品和服务。它们会深入了解农村经济主体的需求特点，结合当地实际情况，开发出具有针对性的金融产品。例如，针对农村特色产业推出特色信贷产品，为农村电商提供供应链金融服务，以及开发适应农村消费特点的消费金融产品等。这些创新的金融产品和服务不仅满足了农村经济发展的多样化需求，还提高了金融机构的市场竞争力，促进了农村金融市场的健康发展。通过不断创新，金融机构能够更好地发挥金融支持农村经济发展的作用，推动农村产业升级和经济结构调整，为农村经济的可持续发展注入新的活力。

三、金融支持农村经济发展的效应机制

（一）金融支持的结构效应

金融结构是指构成金融整体的各个组成部分在分布、存在形式、相对规模以及相互关系和协同配合等方面所呈现的状态。金融结构主要聚焦于金融供给结构以及体系结构，基于"两分法"，可划分为银行主导型与市场主导型两种类型，在此暂不涉及金融工具结构的相关内容。

从融资能力的角度深入剖析，银行主导型金融结构以间接融资为主要金融资源供给方式，能为众多中小微企业提供广泛的融资渠道。中小微企业由于自身条件限制，往往难以通过资本市场实现上市融资，在此情况下，银行便成为其获取资金的关键来源。而市场主导型金融结构则借助金融资本市场开展直接融资活动，在利益驱动下，投资者会主动深入获取企业运营信息，使资金能够精准地流向那些盈利效率较高的优质企业。

在风险管理方面，银行主导型金融结构在为企业提供融资服务时，会与企业构建起长期稳定的合作关系，这种紧密的联系有利于银行对企业进行全方位、持续性的监管，从而提前预防潜在风险。相比之下，市场主导型金融结构能够将市场风险有效地分散至大量零散的投资者中，并且金融市场还为投资者提供股票组合、套期保值产品等丰富多样的金融产品和工具，帮助投资者有效规避风险。

就我国当前金融发展的实际情况而言，金融结构仍以银行主导型为主，市场主导型金融结构发展相对滞后，直接融资在整体融资结构中占比较低。基于这一现实情况，有理由推断，推动金融结构逐步向市场主导型转变，将有助于促进我国实体经济，特别是农村经济的高质量发展。

（二）金融支持的规模效应

金融规模是衡量一个国家或地区可利用的金融资源数量的重要指标。适度的金融规模扩张对农村经济发展具有积极且显著的推动作用。

随着金融企业规模的不断扩大，企业内部的分工协作变得更加专业化、精细化，各部门之间的配合也更加默契、高效，这使得金融企业能够为客户提供更为优质、高效的金融服务，同时提升企业自身的经济效益。随着金融从业人员数量的持续增加，整个金融市场对从业人员的培训力度也会不断加大，培训内容更加丰富、深入，从而促使金融行业从业人员的整体素质和专业化水平得到全面提升。高素质的从业人员能够为金融行业带来更多的创新理念和发展动力，进一步推动金融行业效益的提升。金融行业效益的提升会吸引更多社会资本涌入该领域，金融企业的数量随之增加，市场竞争愈发激烈。

在激烈的竞争环境下，金融企业为了在市场中站稳脚跟并实现持续发展，必然会采取一系列积极有效的措施。如不断提升自身的管理水平，优化内部管理流程，降低运营成本；加大金融产品和服务的创新力度，推出更多符合市场需求的金融产品和服务，以满足不同客户群体的多样化需求。这些举措，不仅有助于完善金融市场体系，提高金融市场的运行效率，还能够显著提升金融服务农村经济的能力和水平，从而有力地带动农村经济实现高质量发展。

此外，金融规模的扩张还能够广泛吸纳社会闲散资金，并将这些资金有效地引导至农村企业的投资领域，为农村企业，尤其是中小型企业的发展提供必要的资金支持。在金融规模扩张的过程中，更加便捷、安全的支付方式也会出现，这些新型支付方式极大地降低交易成本，提高了资金的流转效率，间接降低了农村企业的运营成本，提升了企业的经济效益。同时，金融市场机制的不断发展和完善，其对资源的优化配置能力也得到进一步增强。金融机构能够更加精准地识别出具有发展潜力和前景的优质企业，为这些企业提供充足的资金支持，推动其不断发展壮大；而对于那些生产率较低、缺乏市场竞争力的企业，则逐渐被市场淘汰，从而形成"金融选择效应"。这种效应能够激励农村企业不断创新，加大技术研发投入，推动技术进步，进而促进农村经济的整体发展和升级。

（三）金融支持的资源配置效应

金融市场及其中介机构具备多种重要职能，其中资源配置职能是其最为根本的职能之一。在我国，农村地区相较于城市地区，在社会和经济发展方面均相对滞后。农村地区的信息生产能力较弱，信息传播渠道相对狭窄，信息流通速度较慢，导致信息获取和传递存在较大困难。农业生产本身具有较强的不确定性，受自然因素、市场因素等多种因素的综合影响，面临着较大的风险。同时，农业用地在空间上分布较为分散，不同地区的产业结构和生产力水平存在显著差异，这些因素共同导致农村金融供给与需求存在严重的不对称。

农村金融机构由于扎根本地，对当地的生产生活环境有着更为深入、全面的了解，相较于其他金融中介机构，它们在获取本地信息方面具有明显的优势。这种信息优势使农村金融机构能够更准确地评估客户的信用状况和金融需求，从而有效降低信息不对称带来的风险，减少交易费用，提高资源配置的效率。

在金融支持下，农村金融在实现资源有效配置方面发挥了重要作用。其一，积极开展信息采集与传递工作，搭建起投融资双方高效沟通的桥梁，提供准确、及时的信息交流平台，使资金能够更加精准地流向有需求的领域和企业。其二，对项目实施过程进行严格、全面的监督管理，确保项目按照预定计划顺利推进，及时发现并解决实施过程中出现的问题，提高项目的整体效益。其三，充分运用金融市场工具，如套期保值、互换、保险等，帮助企业和农户有效预防和控制项目实施过程中可能面临的各种风险，保障项目顺利进行和资金安全。其四，农村银行等金融机构为农户提供便捷、快速的储蓄服务，帮助农户合理规划资金，应对突发情况，缓解短期或长期面临的资金流动压力，确保农户的生产生活正常进行。其五，以贸易结算和流动性供应为手段，积极推动农村货物和服务流通，促进农村市场繁荣发展，提高农村经济运行效率。

（四）金融支持的投资效应

农业作为我国的基础产业，具有投资周期长、收入不确定性高、稳定性差等特点，这使得以追求利益最大化为目标的商业银行往往对农业投资持谨慎态度，较少将农业作为重点发展领域。因此，为了加速农业发展，提高农民收入，推动农村经济繁荣，需要政府、非政府组织及其他社会组织等各方力量共同参与，形成合力。在这一过程中，资金短缺成为制约农村经济发展的关键因素。

金融支持的投资效应在农村金融发展中对缓解农村投资困境方面起着重要作用。

首先，随着农村金融服务范围的不断扩大，融资渠道日益多元化，融资方式也更加灵活多样。丰富的金融工具和产品为农业企业和农户提供了更多的融资选择，使他们能够根据自身的实际需求和经营状况，选择最合适的融资方式获取资金。这种多元化的融资渠道和灵活的融资方式不仅提高了农业企业和农户的融资效率，还促进乡村资本不断积累。资本的累积为农村经济的发展提供了坚实的资金基础，带动了农村资本投资的增加，形成了一种良性循环。随着农村资本投资的不断增加，农村基础设施得到改善，农业生产技术得到提升，农村产业得到进一步发展，从而吸引了更多资金和人才流入农村，推动了农村经济持续增长。

其次，发展农村金融能够有效改善农村家庭之间的信息不对称状况。在农村地区，由于信息传播渠道有限，信息获取成本较高，家庭在投资决策过程中往往面临着信息不充分、不准确的问题，这对家庭投资行为产生较大不利影响。农村金融机构的发展和完善，不仅丰富了金融产品的种类和数量，还通过提供专业的金融服务和咨询，帮助农村居民提升理财水平，增强他们对金融市场的了解和认识。金融机构利用自身的信息优势和专业能力，为农村居民提供准确、及时的市场信息和投资建议，降低了信息不对称带来的风险，增强了农村居民的储蓄意愿和投资信心。农村居民储蓄意愿的增强使得更多资金能够集中起来，为农村经济发展提供了充足的资金来源，进一步推动了农村投资的增加和经济的发展。

最后，提高农村金融资源的使用效率是促进农村投资增长的重要途径。在不改变储蓄金额的前提下，通过优化金融资源配置，提高储蓄向投资的转化比率，能够大幅提升农村投资的规模和质量。随着金融体系的不断发展和完善，金融机构在将储蓄转化为投资的过程中，能够更加有效地降低信息成本和交易成本，提高资金的使用效率。金融机构通过深入研究和分析市场，能够准确识别具有投资价值的项目和企业，将资金精准地投向这些领域，避免资金浪费和低效配置。同时，金融机构还能够为投资项目提供全方位的金融服务和支持，帮助项目顺利实施，提高投资项目的成功率和回报率。通过提高金融资源的使用效率，更多的储蓄能够转化为有效的投资，为农村经济的发展注入强大动力，推动农村经济实现高质量发展。

（五）金融支持的消费效应

金融体系在社会经济发展中承载着多种重要功能，其中鼓励居民消费、推动地方经济发展是其最基本的功能之一。在农村地区，农资消费存在着不均衡的现象。部分农资公司和农民手中拥有一定的资金结余，但由于各种原因，这些资金并未被用于消费，造成资金闲置。而另一方面，一些农业企业和农民虽然有较强烈的购买意愿和对农资等商品的需求，但由于资金不足，购买能力受到限制，无法实现消费。这种农村消费能力低下、消费潜力未得到充分挖掘的现状，已成为制约农村经济发展的重要因素之一，导致农村经济发展动力不足。

在我国农村地区，政府投资在农业生产管理中发挥着积极的推动作用。政府通过加大对农业基础设施建设、农业科技研发、农业产业化发展等方面的投资，改善农业生产条件，提高农业生产效率，促进农业产业的升级和发展。农业产业化作为一种新型高效的农业发展方式，通过整合农业生产、加工、销售等各个环节，实现农业产业的规模化、集约化经营，提升农业产业的附加值和市场竞争力，为农村经济的发展注入新的活力。

农村金融支持的消费效应在一定程度上受供给能力的限制。然而，从另一个角度看，农村金融支持对提高农村地区的产品和服务供给能力以及提升供给质量具有重要意义。农村金融机构通过为农村企业和农户提供融资支持，帮助他们扩大生产规模，引进先进技术和设备，提升产品质量和生产效率，从而增加农村市场上产品和服务的供给数量和种类。丰富多样的产品和服务为农村居民提供了更多的消费选择，满足了他们不同层次的消费需求。

（六）金融支持的效率效应

金融效率从广义上讲，是指金融部门在运营过程中投入与产出之间的比率。从金融功能的视角看，金融的核心在于实现金融资源的合理配置，因此金融效率可以定义为金融资源配置的效率。金融效率的高低直接关系到农村经济所能获得的资金支持程度，对农村经济发展具有重要影响。

金融效率的提高对金融机构自身的发展具有显著的促进作用。当金融效率提升时，金融机构在运营过程中能够更加有效地利用资源，降低成本，提高收益。这种效益的增加为金融机构的发展提供了坚实的物质基础，使其有能力进行规模扩张。在扩张的过程中，金融机构可以进一步优化内部资源配置，提高运营效率，避免因规模过度扩张而可能带来的规模不经济问题，延长规模经济的持续时间。这样，金融机构就能为农村经济发展提供更充足的资金支持，满足农村企业和农户日益增长的金融需求。为了在激烈的市场竞争中脱颖而出，金融机构会不断加大对金融创新的投入，研发新的金融产品和服务模式，以满足客户多样化的需求。这些创新举措不仅能够提升金融机构的市场竞争力，还能够为农村经济发展带来新的活力和机遇，推动农村经济实现高质量发展。

金融效率的提高为实体经济的发展也提供了有力的支持。一方面，金融效率的提升意味着金融机构在资源配置时更加高效，能将有限的金融资源精准地投向最需要的领域和企业，提升资源配置效率。对于实体企业而言，这意味着它们能以更低的成本、更便捷的方式获得所需资金。企业为了融资而投入的大量时间成本、人力成本和资金成本会随着金融效率的提升而显著降低，这有助于企业降低运营成本，提高经济效益，促进实体企业更好地发展。另一方面，金融效率的提升还体现在金融机构对融资企业信息获取能力的增强上。随着金融科技的发展和应用，金融机构能够利用大数据、人工智能等技术手段，更全面、深入地了解企业的运营状况、财务状况和发展前景。这使得金融机构能够更加准确地评估企业的信用风险，为一些创新型中小企业提供资金支持。这些企业往往具有较高的创新活力和发展潜力，但由于其规模较小、风险较高，在传统金融模式下难以获得足够的资金支持。金融效率的提升为它们提供了发展机遇，激励它们积极开展创新活动，推动技术进步和产业发展。

第二节　金融支持农村经济发展的经验借鉴

一、国内金融支持农村经济发展的经验借鉴

在我国经济发展的历程中，农村经济始终占据着举足轻重的地位。金融作为现代经济的核心，对农村经济的支持作用日益凸显。不同地区依据自身经济社会特点，在金融支持农村经济发展方面进行了积极的探索与实践，积累了丰富且各具特色的经验。深入剖析这些经验，对推动我国农村经济的持续健康发展具有重要的借鉴意义。

（一）河北省秦皇岛市的金融支持实践与成果

秦皇岛作为沿海开放城市，城市化率处于较低水平，为推进城市化进程，

加快城市发展，秦皇岛市构建了较为完善的农村金融体系，涵盖政策性银行、国有商业银行、农村信用社以及小额贷款公司等多种金融机构。[①]中国农业发展银行秦皇岛分行积极落实国家农业金融政策，在支持农业基础设施建设、农产品收购等方面发挥了重要作用。如连续多年增加相关贷款投放，为农村经济发展提供了坚实的资金保障。农村信用社在当地农村金融市场占据重要地位，凭借其广泛的网点布局和对本地农村经济的深入了解，积极调整信贷结构，满足农户和涉农企业的基本信贷需求。

在金融产品创新方面，秦皇岛市成果显著。针对农业生产的季节性特点，部分金融机构推出了专项农产品贷款和季节性农业贷款。例如，在农作物种植和收获季节，为农户提供及时的资金支持，确保农业生产活动顺利进行。对于缺乏传统抵押物的农户，一些金融机构开创了基于土地经营权、林权以及订单质押的贷款模式。邮储银行秦皇岛分行通过"龙头企业 + 农户 + 银行"的订单模式信贷，依据农户与龙头企业签订的订单，由龙头企业提供担保，向农户发放贷款，有效解决了农户生产资金短缺问题，实现了多方共赢，促进了农业产业链的协同发展。

在政府主导整合各方资源方面，秦皇岛市加大了信用信息采集力度，建立了涵盖农户和农业经营主体的信用信息数据库。通过规范信用信息评级和明确使用范围，实现了金融资源与农村经济需求的精准对接。同时，政府强化了农民信用教育，借助金融知识宣传活动和新媒体渠道，提升了农民对信用重要性的认识。对失信人员采取了限制措施，并在村委会等显著位置进行公示，督促其改正行为，这些举措营造了良好的农村信用环境，降低了金融机构的信贷风险。

为提高金融服务水平，秦皇岛市注重金融人才队伍建设和服务监管。金融机构通过内部培训和外部招聘相结合的方式，积极引进和培养综合型金融人才，打造了一支专业能力强、熟悉农村经济的人才队伍。在金融服务监管方面，监管部门合理设定了监管标准，在鼓励金融创新的同时，确保金融产品和服务质量达标且风险可控，维护了农村金融市场的稳定。

在政策扶持方面，秦皇岛市积极推进农村产权制度改革，落实土地宅基地确权工作，为农民融资提供了有力保障。政府主导成立了金融发展基金会

---

① 陈久权，张玲，杨福云．秦皇岛市农村城镇化建设研究 [J]．中国农业信息，2013（19）：165．

和担保公司，扶持合规金融机构，提升了农民和农村经营主体的信用水平。此外，适当降低了农村金融市场准入门槛，引入竞争机制，提高了金融服务效率。在利率市场化探索中，秦皇岛市积极开展试点探索，根据不同贷款种类制定差异化利率，降低了农户和涉农企业的融资成本。

（二）河南省商丘市的金融支持举措与成效

商丘市作为农业大市，农业在其经济结构中占据重要地位。在金融支持农村经济发展方面，尽管面临金融机构在农村覆盖率较低等问题，商丘市仍通过一系列积极有效的举措，取得了一定的成效。

从金融机构的布局与发展来看，商丘市的银行业金融机构呈现多元化态势。农业银行商丘分行、中国农业发展银行商丘分行、商丘华商农村商业银行、邮政储蓄银行商丘分行等在农村金融领域积极作为。例如，农业银行商丘分行通过实施"金穗惠农通"工程提质增效行动，完成了惠农通服务点的互联网化升级，实现了惠农 e 通平台对惠农通服务点的全覆盖，极大提升了农村地区金融服务的可及性。同时，该行推出的乡村旅游重点村贷、乡村振兴园区贷等特色金融产品，精准地满足了农村特色产业发展的资金需求。中国农业发展银行商丘分行作为政策性银行，重点支持农业现代化项目，如乡村旅游、田园综合体等新兴农业领域，为农村产业结构升级提供了有力的资金保障。

在涉农贷款方面，商丘市各银行积极响应国家乡村振兴战略，成立三农金融事业部专门负责相关业务，涉农存款和贷款业务均呈现稳步增长的趋势。尽管涉农贷款存在风险、抵押物缺乏等问题导致放贷率有待提高，但整体上仍在不断加大对农业的支持力度。

在金融产品创新方面，邮政储蓄银行商丘分行积极推广"惠农易贷"和"卢氏模式"扶贫小额贷等创新产品，有效地助力贫困农户脱贫。中国农业发展银行商丘分行针对农业生产的不同环节和需求，发放短期流动资金贷款和固定资产贷款，满足农户农业经营中的短期资金流转需求和农业基础设施建设需要，如现代农业园区贷款为乡村旅游、生态园等新业态提供了资金支持。

在政策支持与引导方面，商丘市积极落实国家和省市出台的农村金融政策。该市鼓励金融机构为农村提供专业化服务、扩大村镇银行覆盖范围、推进农村信用体系建设等，并结合自身实际情况，在地方层面进一步推动了这些政策的实施。例如，在农村信用体系建设中，商丘市积极配合国家政策，为金融机构更好地评估农户信用提供了基础保障，从而降低了金融风险，促进了金融资源更合理地流向农村经济领域。

商丘市在金融支持农村经济发展过程中，通过合理布局金融机构、拓展业务，持续推进涉农贷款业务、创新金融产品以及有效落实政策等方面，形成了具有自身特色的经验体系。这些经验为其他地区提供了宝贵的借鉴，有助于推动农村经济在金融支持下实现可持续发展。

（三）陕西省榆林市的金融支持路径与成果

在我国农村经济发展的进程中，榆林市凭借其独特的经济结构与资源优势，在金融支持农村经济发展方面积累了一系列具有借鉴意义的经验。

近年来，榆林市农村金融机构网点、代理服务点、自助银行及 POS 机具等数量呈逐年增长态势，金融服务半径不断向农村地区延伸。在经济发达的县域，金融机构种类齐全，市场竞争态势良好；在欠发达的县域，虽机构种类相对单一，但也基本能满足农村基础金融服务需求。人均拥有金融服务工具数量大幅增长，同时助农取款服务点建设成效突出，每万农村人口拥有的助农取款服务点数量及服务笔数均有显著提升，有效满足了农村的金融服务需求。

在信贷支农方面，榆林市的涉农贷款指标表现良好，有贷农户占比、农村企业及组织支农贷款余额占比，农林牧渔业贷款余额占比均呈上升趋势。精准扶贫贷款增长迅速，为农村贫困地区发展提供了有力的资金支持。

此外，榆林市还积极探索创新农村金融产品与服务模式。部分金融机构如长安银行，大力拓展农村惠农服务网点，打造综合性服务平台。这些服务点除提供基本的金融服务外，还涵盖代购车票、农资批发、电商及物流快递等业务，并依托信息优势推出创新信贷产品，如"谷雨贷""阳光贷"等，有效延伸了支农服务半径，满足了农村多元化金融需求，为农村金融服务模式创新提供了实践范例。

（四）山东省的金融支持模式与成效

山东省作为农业强省，在金融支持农村经济高质量发展方面，形成了一套行之有效的模式，并取得了显著成效。

从金融规模维度看，山东省金融规模的扩张与当地农村经济产业的发展呈现出良好的协同性。在一些农业产业化程度较高的地区，如寿光的蔬菜产业带，随着金融规模的适度增长，金融机构为蔬菜种植、加工及销售等环节提供了更充足的资金支持，推动了产业链的延伸与升级。这种金融规模扩张对农村经济高质量发展的积极影响得到了充分体现，在一定程度上避免了因规模过度扩张而导致的资源错配等问题。

在金融结构方面，山东省非银金融机构资产占比的变化具有自身特点。虽然整体上非银金融机构在金融市场的份额占比处于波动状态，但在部分经济较为发达的农村地区，如青岛的一些农村乡镇，非银金融机构的发展为当地农村经济带来了新的活力。这些地区的农村企业和农户除了传统的银行融资渠道外，还能够借助非银金融机构获得更多元化的金融服务，如风险投资对农村创新型农业企业的扶持。这在一定程度上优化了当地的金融供给结构，提升了农村金融产品的丰富度和市场化水平，促进了农村经济的多元化发展。

此外，山东省在经历商业银行体系同业和影子银行整顿后，银行体系资金使用效率显著提升。在农村信贷领域，银行能够更精准地将资金配置到有发展潜力的农业项目中。例如，在鲁西南的粮食主产区，银行根据当地农业生产周期和市场需求，优化信贷审批流程，提高了资金发放效率，降低了农村企业的融资成本，增强了金融机构与农村实体经济的联动性，有力地推动了当地农业经济的发展。

综上所述，山东省在金融支持农村经济发展过程中，通过合理把握金融规模、优化金融结构、提升金融效率以及构建具有地方特色的金融指标体系等实践，为其他地区提供了宝贵的经验借鉴，在推动农村经济高质量发展方面走出了一条具有自身特色的道路。

（五）黑龙江省的金融支持模式与成效

在乡村振兴战略的大背景下，金融支持对农村经济发展的重要性愈发凸显。黑龙江省作为我国的农业大省，在金融支持农村经济发展方面积累了诸多独特且具有借鉴意义的经验。

黑龙江省农业地位举足轻重，是我国主要粮食作物产地之一，其农村金融体系在改革开放后逐步完善。尽管农业融资规模相对较小，但金融机构的农业贷款已成为农村融资的关键渠道。近年来，金融机构农业贷款余额需求持续上扬，农村金融机构贷款余额对农林牧渔业总产值、粮食总产量以及农村居民人均可支配收入均产生了显著影响。

在农村金融体制建设方面，黑龙江省注重结合实际需求，提升金融创新能力，致力于开发契合农村发展的优质金融产品。例如，哈尔滨中支联合地方政府引导农业公司利用"稳企稳岗"资金支持政策，取得了良好成效。同时，黑龙江省不断健全农村融资担保体系，保障农村融资稳定，并借助国家财政政策调控金融资本流向现代农业领域，切实增加涉农有效信贷投入，降低融资成本，加快金融产品创新步伐。

在监管引导方面，黑龙江省以监督为指引拓展农业金融支持业务种类，强化重点领域金融供给，提升基础金融服务质量与效率，同时加强农村社会保障等相关工作。财政部门在拓宽业务种类时，简化了流程、扩大了应用领域，提高了信贷效率，并在监管下推出了更贴合农业发展的贷款品种。

在政企合作层面，鉴于银行对农业贷款投放的谨慎态度，黑龙江省积极引入第三方推动贷款投放，构建了政府、金融机构和农村三方的合作机制。政府充分发挥了领导、监督与考核职能，有效提升了金融对农村经济的支持效率。

二、国外农村经济增长中的金融支持经验借鉴

（一）印度农业发展的金融支持

印度与中国同为人口众多、经济总量相近的发展中国家，"印度农业发展中所积累的经验及其教训也为中国农业的健康发展提供了重要的启示和借鉴。"[①] 印度自 20 世纪 70 年代末期推行绿色革命以来，通过多项政策措施扶持农业经济发展，成效显著。

在商业性金融对农业经济的扶持方面，商业银行是印度农村经济发展的主要融资渠道，但前期信贷资金难以满足农业经营者的需求。于是，印度中央政府颁布了《银行国有化法案》，开展了两次大规模的银行国有化运动，借助国有银行直接向农业经营者发放贷款。此举在短期内为农业经济注入了大量资金，拓宽了融资途径，扩大了银行对农业经济的信贷规模。此外，印度涉农商业银行体系还为农民提供生产生活资料，并支持农业再加工领域经营者的发展，有效缓解了农村地区商业银行营业网点少、金融服务不足的状况。

---

① 王玉玲. 印度农业产业政策体系与效果评价——兼谈对我国农业发展的启示 [J]. 理论月刊，2014，(10)：177.

合作性金融对印度农业的支持也较为显著。印度的农村合作银行与中国的农村合作社类似，可细分为两种：一种是只为社员提供中短期贷款服务的信贷合作社组织；另一种是提供长期贷款服务的土地开发银行，其中信贷合作社是主要力量。信贷合作社又可分为三个层次：农业合作信用社作为基层机构，为社员提供短期低利率贷款，并负责生产资料供应及剩余农产品销售服务；中心合作银行作为中间组织，为初级组织提供资金支持；联邦合作银行作为最高形式的合作信贷组织，其资金主要来源于中央银行及部分机构的储蓄存款。

在政策性金融方面，印度农业的发展主要得到国家农业和农村开发银行的支持。该银行由政府和中央银行共同出资建立，除服务于农业发展外，还承担着监管涉农银行的职能。

在农业保险方面，印度充分发挥了农业保险分散风险的功能，采用了自愿保险与有条件强制保险相结合的方式。规定获得生产性信贷支持的农户必须购买涉农保险，其他生产经营者可自愿购买，以此有效降低了农业生产经营风险。

（二）美国农业发展中的金融支持实践

美国抓住了 20 世纪的黄金发展机遇，现已构建起一套机制完善、市场健全的农村金融体系。美国大规模种植农业及农业机械化的特点，使其建立和运作农业金融机构的成本相对较低。其农村金融机构主要包括农场主合作制下的信贷系统、政府支持的商业信贷机构、私有制的纯商业化涉农信贷机构以及各类农业保险机构，这些机构相互协作，共同推动了美国现代农业产业的发展。

美国的农业合作金融体系始建于 20 世纪 30 年代的经济大萧条时期，其建立与发展离不开政府的推动与支持。如今，该体系已形成以联邦土地银行和联邦中期信贷银行为基础，以多元化合作制银行为主体的农村金融体系，并设有统一监管机构，以应对农业风险，稳定农业经济发展。联邦土地银行作为真正的合作制银行，其股权由土地银行成员及借款者持有，可在国内金融市场发行中短期金融票据和债券，但需经专门委员会及政府管理机构审核同意。这些金融票据和债券的发行对象限于国内商业银行和地方政府机构，且资金必须用于农业领域。联邦土地银行的贷款业务通过其营业机构向成员发放，借款人需先成为银行成员，且其持有的股权须与贷款额相当。

　　具有政府背景的农业信贷组织对美国农业经济发展也起到重要的扶持作用，其中包含农机局、中小企业管理机构等涉农管理部门。农机局以提供中长期融通资金为主要目的，服务对象主要是难以获得一般信贷资金支持的农户及经营风险较高的新型农业经营主体。其贷款利率低于市场利率，大部分信贷资金利息由政府补贴。农机局提供的贷款分为直接贷款和紧急贷款两种，前者需提供不动产担保，而后者用于解决意外灾害导致的资金短缺问题。中小企业管理机构旨在为中小企业融通资金，并提供农业相关的管理、技术支持等服务，是一个综合性的服务机构。

　　美国商业银行对农业经济的支持力度较大，其金融体系覆盖大部分农村区域。商业银行机构普遍提供农业信贷服务，使得农村地区资金体量充足，有力地保障了农业经济的稳定发展。涉农商业性金融机构种类丰富，为农村地区提供多元化服务，其中私人商业银行机构发挥着基础性作用，绝大多数地方性银行以及数以千计的乡镇银行组成了庞大的金融体系，为农村经营者提供各类金融服务。

　　农村保险在美国农业发展中也扮演着重要角色，其覆盖面极广，涉及农业经营的各个方面。农村地区的保险服务可分为三个层次：联邦农作物保险公司处于农业保险最高层次，提供再保险业务；经批准的私人农业保险公司是农业保险的中坚力量；保险公司的代理人及理赔核损人等基层人员负责保险产品的推广以及事故理赔手续的办理。

　　此外，美国的法律体系也为农业提供了有力保障。在市场秩序方面，构建了合作社法律框架，助力农民议价，另有法律调控农产品市场，稳定价格以保障农民收入。在贸易方面，美国通过补贴农产品出口、运用贸易保护条款，并借助争端解决机制，保护了本国农业利益。

三、金融支持农村经济发展的启示

（一）金融机构多元协同

　　构建完善且多元的农村金融体系是推动农村经济发展的基石。在国内，如秦皇岛市拥有涵盖政策性银行、国有商业银行、农村信用社及小额贷款公司等多类型金融机构，它们各司其职。在国外，如印度在农业金融支持体系中，商业银行、合作性金融机构及政策性金融机构相互补充，在不同层面和环节为农业经济注入资金并提供服务。

在不同地区的实践中，政策性银行、商业银行、农村信用社、小额贷款公司以及非银金融机构等共同构成了一张农村金融服务网络。政策性银行在农业基础设施建设和政策导向性项目中发挥引领作用，确保资金精准投向关键领域；商业银行利用其广泛的网点和丰富的金融产品，为农村经济提供多样化的金融服务；农村信用社凭借对本地农村经济的熟悉，满足农户和小型农村企业的基础金融需求；小额贷款公司则在补充小额信贷资金缺口方面，发挥灵活优势。各机构之间通过业务合作、信息共享与风险共担机制，实现优势互补，有效扩大了金融服务的覆盖范围，提升了金融服务的深度与广度。这不仅满足了农村经济主体多层次、多样化的金融需求，也增强农村金融体系的稳定性和可持续性。

（二）金融产品创新驱动

创新金融产品是激发农村经济活力的关键。秦皇岛市针对农业生产的季节性和农户抵押物缺失的问题，推出了专项农产品贷款、季节性农业贷款以及多种质押贷款模式；商丘市的银行依据当地特色产业开发了乡村旅游贷等产品；榆林市打造了综合服务平台并衍生出创新信贷产品。这些金融创新产品紧密贴合农村生产经营周期、产业特性与农户资产状况，拓宽了融资渠道，提升了金融服务适配性。美国农业金融机构依据农业机械化、规模化特点提供了多样化服务，从长期固定资产贷款到短期流动资金贷款一应俱全，满足了不同规模农场主的需求。

针对农村经济的特殊性，如农业生产的季节性、农村资产的非标准化和农民信用体系不完善等，创新型金融产品应运而生。例如，以农业订单、土地经营权、林权等作为质押物的贷款产品，打破了传统抵押物的限制，盘活了农村沉睡资产，为农户和农业企业开辟了新的融资渠道。同时，根据不同农业产业特点设计的专项贷款，如乡村旅游贷、农业产业链贷等，精准支持农村特色产业发展，促进了农业产业结构的优化升级。这些创新产品紧密结合农村经济实际，有效提高了金融资源与农村经济需求的匹配度，增强了金融对农村经济的渗透力和支持力度，成为推动农村经济发展的重要动力源泉。

（三）政策扶持与引导强化

政策在农村金融发展中起着引导与支撑作用。国内多地积极落实政策，如秦皇岛市推动农村产权制度改革、成立金融发展基金与担保公司、调控利率；商丘市配合信用体系建设等政策并细化实施方案。这些政策扶持措施降低金融机构的风险与服务成本，提升了其服务农村的积极性，促进了金融资源合理流向农村。在国际上，印度通过国有化法案引导商业银行加大对农业信贷的投放；美国通过法律保障农业金融市场秩序、稳定农产品价格、保护农业贸易利益，为金融支持农业营造了有利的政策环境，确保了农村金融稳健、有序发展，推动农村经济实现可持续增长。

政府通过一系列政策手段，积极营造有利于农村金融发展的环境。一方面，推动农村产权制度改革，明确农村资产权属，为金融机构开展农村信贷业务提供制度保障和风险缓释机制；另一方面，设立金融发展基金、担保公司等机构，通过财政补贴、风险补偿等方式，降低金融机构服务农村经济的风险和成本，提高其服务积极性。同时，加强农村信用体系建设，规范信用评级和信息共享机制，优化农村金融生态环境，引导金融资源合理流向农村经济领域，确保金融支持农村经济发展的精准性和有效性，促进农村金融市场的健康、有序发展。

（四）金融结构与效率优化

优化金融结构与提升效率是提升农村金融服务质量的关键。山东省注重金融规模与产业发展的协同，防止资源错配，同时发挥非银金融机构的作用，优化供给结构，提高资金使用效率。在鲁西南粮食产区，银行根据农业生产周期优化信贷流程，降低了企业融资成本。

合理调整金融机构的资产配置，适度提高非银金融机构在农村金融市场的参与度，能够丰富金融服务的供给形式，满足农村经济主体多元化的金融需求，促进金融市场的竞争，提升金融服务的质量。在信贷领域，金融机构通过优化审批流程、运用金融科技手段提高风险识别和管理能力，实现了资金的精准快速投放，降低了融资成本，提高了资金使用效率，增强了金融与农村实体经济的紧密联系。优化金融结构与提升效率有助于实现金融资源在农村经济中的有效配置，推动农村经济高质量发展，避免金融资源的闲置与浪费，确保农村金融体系稳健运行。

（五）政企合作与生态培育

政企合作是农村金融良好运行的保障，能培育健康的金融生态。政府与金融机构、企业之间建立紧密的合作关系，能够有效整合各方资源，形成金融支持农村经济发展的合力。政府在合作中发挥引导、协调和监管职能，通过制定政策、搭建平台、提供信息服务等方式，促进金融机构与农村企业、农户之间的对接与合作。同时，政府还引入第三方机构参与农村金融服务，如农业担保公司、农业保险公司等，以进一步完善农村金融风险分担机制，降低金融机构的风险。政企合作有助于营造良好的农村金融生态环境，增强金融机构服务农村经济的信心并提升他们的能力，推动农村金融服务创新发展，实现农村经济与金融的良性互动、协同发展。

第三节　金融支持农村经济发展的一般路径

一、强化农村金融体系建设：多元协同与功能完善之路

农村经济的稳健发展，离不开一个结构合理、功能完备且协同高效的金融体系的支撑。在这一体系的构建中，政策性金融机构应充分发挥其引导与基础保障作用。如中国农业发展银行可以进一步加大对农村基础设施建设的资金支持力度，为大型农田水利枢纽工程、农村道路交通网络优化升级项目以及农村能源开发利用设施建设等提供长期、低息甚至无息贷款。当农业大县进行水利设施改造项目时，农业发展银行应提供专项贷款，助力修建现代化灌溉渠道与高效节水设施，有效改善农田灌溉条件，提高水资源利用效率，为农业生产的稳定发展奠定坚实基础。同时，政策性金融在农业生态环境保护方面也应发挥关键作用。针对农业面源污染治理、生态农业示范园区建设等项目，应设立专项扶持资金，引导农业生产向绿色、可持续方向转型。例如，在一些生态脆弱的地区，农业发展银行可以资助农户采用生态种植技术与使用有机肥料，减少农业化学品对环境的污染，促进当地生态环境的改善与农业生态经济的发展。

合作性金融机构作为农村金融体系的重要组成部分，要深度融入农村社区与农业生产经营各环节。农村信用社与农民合作社内部的金融组织应加强合作，以农民的实际需求为导向，不断创新金融服务模式。例如，在水果种植专业村，合作性金融机构应根据水果的生长周期与市场销售规律，为农户量身打造金融服务方案。在果树种植初期，提供苗木采购贷款；在生长阶段，

发放肥料、农药采购贷款与果园管理费用贷款；在收获季节，为农产品的仓储、运输与销售提供资金支持，确保农户生产经营活动顺利进行。此外，合作性金融机构还可开展农业产业链金融服务，以农业产业化龙头企业为核心，为上下游农户与小微企业提供融资支持。建立产业联盟与风险共担机制，促进农业产业链各环节的紧密合作与协同发展，提升整个产业链的市场竞争力与抗风险能力。

商业性金融机构在农村金融市场中凭借资金雄厚、金融产品与服务创新能力强等优势，应积极拓展农村业务领域。大型商业银行可利用其先进的金融科技与广泛的网点布局，为农村龙头企业提供全方位的金融服务。除传统的信贷业务外，还应积极开展供应链金融服务，基于农业产业链的交易数据与信用信息，为核心企业及其上下游企业提供包括应收账款质押融资、存货质押融资、预付款融资等在内的多元化的金融产品，优化农业产业链的资金流，促进产业协同发展。针对农村新兴产业，如农村电商、乡村旅游、农村康养等，商业性金融机构应加大金融支持力度。为农村电商企业提供电商平台建设、网络营销与物流配送等方面的贷款；为乡村旅游企业提供景区开发、民宿建设与旅游服务设施升级等方面的贷款；为农村康养项目提供基础设施建设与运营资金等方面的贷款，以助力农村新兴产业的培育与壮大，推动农村产业结构的优化升级。

二、推动金融创新与农业产业融合：适配需求与价值提升之道

金融创新是满足农村经济多元化、个性化金融需求的核心动力，与农业产业的深度融合则是实现金融服务实体经济效能最大化的关键途径。

在信贷产品创新方面，要突破传统抵押担保模式的局限，积极探索多元化的风险缓释机制与抵押担保方式。除农村土地经营权、林权等传统抵押物外，还可将农业生产设施设备、农产品订单、农业知识产权、农业品牌价值等纳入抵押担保范畴。例如，对于拥有先进农业机械与智能化设备的农户或农业企业，金融机构可依据设备评估价值提供相应额度的贷款；对于与大型农产品采购商签订稳定订单的农业生产者，可依据订单金额给予一定比例的订单质押贷款；对于拥有自主知识产权的农业科技企业或持有知名农业品牌的企业，可基于知识产权价值与品牌估值提供知识产权质押贷款与品牌价值质押贷款，以拓宽农业经营主体的融资渠道，提高金融资源的可获得性。

金融服务模式创新是提升农村金融服务质量与效率的重要手段。应大力发展"互联网＋农村金融"模式，金融机构可借助大数据、云计算、区块链、人工智能等现代信息技术，构建智能化、便捷化的农村金融服务平台。通过大数据分析农户与农业企业的生产经营数据、财务数据、消费行为数据等多维度信息，金融机构可以实现精准客户画像与风险评估，为客户提供个性化、定制化的金融服务方案。同时，利用区块链技术的分布式账本、不可篡改、可追溯等特性，确保农业供应链金融交易的真实性、安全性与透明度，提高资金流转效率与供应链协同管理水平。例如，在农产品供应链金融中，金融机构可借助区块链技术记录农产品从生产、加工、运输到销售的全过程信息，实现供应链各环节的信息共享与信任传递。基于区块链上的真实交易数据，为农户和农业企业提供更高效的应收账款融资、存货质押融资等服务，降低融资成本和风险。此外，还可利用人工智能技术开发智能客服和智能投顾系统，为农村客户提供 24 小时在线的金融咨询和投资建议服务，提升金融服务的便捷性和客户满意度。

在金融与农业产业融合方面，应围绕农业产业链的各个环节，构建全方位、全流程的金融服务体系。在农业生产环节，金融机构应为农户和农业企业提供农资采购贷款、农业机械融资租赁服务、农业技术研发贷款等，支持他们采用先进的生产技术和设备，提升农业生产效率和质量。例如，一家蔬菜种植企业可以通过金融机构提供的农业机械融资租赁服务，引进先进的自动化播种和采摘设备，从而大幅提高生产效率，降低人工成本，同时确保蔬菜的品质和供应稳定性。

在农产品加工环节，金融机构应为农产品加工企业提供设备更新贷款、厂房建设贷款、流动资金贷款等，助力企业扩大生产规模、提升加工技术水平和产品附加值。如水果加工企业可以利用金融机构的贷款引进先进的果汁生产线和无菌包装设备，开发出多种高附加值的果汁产品，提高市场竞争力和企业盈利能力。

在农产品销售环节，金融机构应为农产品销售企业和电商平台提供市场拓展贷款、物流配送贷款、销售渠道建设贷款等，帮助他们拓宽销售渠道、提升品牌知名度和市场占有率。例如，一家农村电商企业在获得金融机构的市场拓展贷款后，可以参加多个农产品展销会和电商促销活动，成功打开产品的市场销路，实现销售额的快速增长。

此外，金融机构还应与农业产业园区、农业科技示范基地等合作，开展金融服务创新试点，为入园企业提供一站式金融服务和综合金融解决方案，打造金融支持农业产业发展的示范样板，推动农业产业的集群化、现代化发展。

三、健全农业保险与风险管理体系：风险防控与稳定保障之策

第一，夯实农业保险政策基石。政府应加大对农业保险的政策扶持力度，通过财政补贴降低农户参保成本，以税收优惠激发保险机构开展农业保险业务的积极性，营造良好的农业保险发展政策环境，为农业保险的广泛覆盖和持续发展提供坚实保障。

第二，完善农业保险产品体系。在保留传统农作物种植保险、养殖保险的基础上，大力开发针对农业气象灾害、农产品价格波动、农业环境污染、农业生产设施设备损坏等风险的专项保险产品。如农业巨灾保险可在重大自然灾害发生后帮助农户和农业企业快速恢复生产；农产品价格指数保险则能稳定农户收入预期，全方位满足农业生产过程中的各类风险保障需求。

第三，构建农业保险再保险机制。政府应推动设立农业保险再保险公司，或引导商业再保险公司投身农业再保险业务，以分散原保险机构的经营风险，提高农业保险体系的抗风险能力。在面对严重旱灾等灾害致使农作物大面积减产时，农业保险再保险公司应及时介入，确保保险机构的稳定运营，保障农户获得合理赔偿。

第四，促进保险与金融协同发展。金融机构在发放农业贷款时，应将农业保险纳入风险防控体系，建立保险与信贷联动机制。依据农户和农业企业的保险参保情况、保额等实施差异化信贷政策。如推出"保险＋信贷"产品，农户购买保险后可获得银行优惠贷款，银行与保险公司共同跟踪监测贷款资金使用及项目进展情况，降低信贷风险，实现保险与金融的深度融合。

第五，提升金融机构风控能力。金融机构应借助大数据、人工智能等技术搭建农业风险预警模型，实时分析气象数据、农产品市场价格走势、农业病虫害发生情况等信息，提前预测风险并及时向农户和农业企业发布预警信息，指导其防范风险，提高自身风险管理的科学性和精准性。

第六，深化农业技术服务合作。金融机构应与农业技术推广部门、农业科研机构携手，为农户和农业企业提供农业技术咨询和培训。举办农业病虫害防治技术培训讲座、开展农业市场信息分析培训等活动，帮助他们提高应

对自然风险和市场风险的能力，从技术层面增强农业生产的稳定性和可持续性。

第七，设立农业风险基金。政府、金融机构、农业企业和农户应共同出资设立农业风险基金，当遭遇重大农业灾害或市场波动时，为受灾主体提供紧急救助和补偿。当农产品价格因市场供过于求而大幅下跌时，风险基金应启动补贴机制，稳定农业经济秩序，保障农业生产正常进行。

第八，强化产业链风险共担。金融机构应与农产品加工企业签订风险共担协议，共同分担因原料价格波动或质量问题带来的损失；同时，与农业物流企业合作，为农产品运输风险提供保险和金融支持，确保农产品供应链的稳定运行，形成全产业链的风险防控合力。

第九，拓展跨境农业保险业务。在国际农业合作日益紧密的形势下，金融机构应积极探索开展跨境农业保险业务，为我国农业企业"走出去"提供政治风险保险、汇率风险保险等保障。同时，加强与国际农业保险机构的交流合作，学习先进的保险技术和管理经验，完善我国农业保险与风险管理体系，提升我国农业的国际竞争力。

四、优化金融支持政策与法律环境：奠定制度保障与长效发展之基

（一）强化政策激励，引导金融资源下沉

财政补贴精准发力：政府应设立专项补贴资金，对积极开展涉农业务的金融机构给予直接补贴。如对农村信用社、村镇银行发放的小额农业贷款提供利息补贴，降低农户融资成本；对农业保险机构的农业保险业务给予保费补贴，扩大农业保险覆盖的范围。

税收优惠激发活力：对金融机构的涉农贷款利息收入免征增值税，对其所得税给予减免或优惠税率。商业银行在享受优惠后，应加大农村信贷投放力度，增设营业网点，为农户和农业企业提供便捷的金融服务。

货币政策定向支持：央行应运用差别准备金率、再贷款、再贴现等工具，为农村金融机构提供流动性支持和降低其资金成本。对于涉农贷款占比高的金融机构，可降低其存款准备金率，提供低成本再贷款和再贴现资金，使农村经济主体能够获得低利率的信贷。

（二）完善法律体系，规范农村金融秩序

制定专项法规：为了进一步完善农村金融体系，需要加快农村金融法律法规建设。这包括明确农村金融机构的设立条件、业务范围以及监管职责等方面的具体规定。同时，详细规定农村信用社的组织形式、股权结构和服务宗旨，确保农村信用社能够更好地服务于农村经济的发展。此外，对于村镇银行、小额贷款公司等新型金融机构，需要明确其准入条件和运营规范，以促进这些机构健康有序地发展。

强化审慎监管：为了确保农村金融市场的稳定和健康发展，必须加强对农村金融机构的审慎监管。这涉及完善农村金融监管体系，建立一套严格、全面的风险评估和预警机制。通过实时监测资本充足率、不良贷款率、流动性等关键指标，监管部门可以及时发现潜在的风险点。同时，监管部门应定期进行现场检查，并结合非现场监测手段，确保及时发现和化解农村金融机构的风险隐患，保障农村金融市场的稳定运行。

（三）聚焦权益保护，提升金融服务质量

为了更好地聚焦于权益保护，我们致力于提升金融服务的整体质量。这包括了对金融服务提供者和消费者权益的双重关注，确保双方在金融交易中都能得到公正和合理的对待。

健全纠纷解决机制：为了确保金融消费者，特别是农村地区的消费者能够获得公正的权益保护，我们计划设立专门的金融纠纷调解或仲裁机构。这些机构将为农村金融消费者提供便捷且高效的纠纷解决渠道。当农户与金融机构发生贷款合同纠纷时，可以通过这些调解机构维护自己的合法权益，确保问题得到及时和公正的解决。

普及金融知识教育：金融机构将定期开展金融知识下乡活动，确保农村地区的居民能够获取必要的金融知识。这些活动将通过举办讲座、分发宣传资料、提供现场咨询服务等多种形式进行，旨在向农户普及包括储蓄、贷款、保险、理财等在内的各类金融知识。通过这些教育活动，我们期望能够提升农户的金融素养，增强他们的风险意识，帮助他们更加明智地选择适合自己的金融产品和服务，从而规避潜在的金融风险，保障他们的财产安全。

（四）推进信用建设，优化金融生态环境

搭建信用信息平台：政府积极推动农村信用体系建设，建立农户和农村企业信用信息数据库，整合来自多个部门的信用信息资源。利用大数据技术进行深入分析和评估，为金融机构提供详实的信用参考依据，有效降低信贷风险。同时，政府致力于完善信用信息平台的基础设施，确保信息的准确性和时效性，并加强与金融机构的合作，共同开发适合农村市场的信用产品，进一步促进农村金融市场的健康发展。

实施信用激励机制：对于信用记录良好的农户，金融机构将提供更加便捷的贷款服务，并给予更高的贷款额度和更优惠的利率条件。这一激励措施旨在鼓励农村经济主体重视自身的信用建设，进而提升整个农村地区的信用水平。此外，政府还通过立法和政策引导，建立健全的信用奖惩体系，对失信行为进行必要惩戒，维护农村金融市场秩序，确保信用激励机制真正落到实处，发挥应有的作用。

（五）引导社会参与，拓宽金融资金来源

设立产业基金：政府设立农村金融产业基金，旨在吸引民间资本积极参与对农村金融机构的投资，从而拓宽农村金融资金的来源渠道。这一举措不仅能够为农村金融机构注入新的活力，增强其服务农村经济的能力，还能通过政府的引导作用，促进农村金融市场的健康发展，确保农村金融体系更加稳定和高效。

鼓励合作创新：政府积极鼓励金融机构与社会资本合作开展农村金融创新项目，如开发农村产业投资基金、设立农业科技创新金融服务平台等。这种合作模式旨在激发社会资本的活力和创新能力，通过双方共同的努力，更好地满足农村地区多样化的金融需求，提供更加精准和高效的金融服务。同时，这种合作也为社会资本提供了更多的投资机会，实现双方共赢，推动农村经济持续健康发展。

（六）加强国际合作，借鉴先进经验做法

经验交流借鉴：积极借鉴国外先进的农村金融政策和法律经验，结合我国农村实际情况加以吸收应用。通过深入研究国外的成功案例，我们可以更好地理解其政策背后的逻辑和实施成效，从而为我国农村金融的发展提供有

益的参考。加强与国际金融组织和其他国家农村金融机构的交流，可以促进知识共享和经验传播。通过开展联合研究、项目合作和人员培训等活动，我们可以进一步提升我国农村金融从业人员的专业水平，为农村金融的创新和发展注入新的活力。

合作推动改革：与世界银行等国际金融组织合作，开展农村金融改革试点项目，学习它们在产品设计、风险管理、机构治理等方面的先进做法。这些国际组织在农村金融领域拥有丰富的经验和成熟的模式，我们可以从中汲取精华，结合我国的国情进行本土化改造。推动我国农村金融政策和法律环境的优化，有助于构建一个更加公平、透明且高效的农村金融市场。通过这些改革措施，农村可以建立长效的发展机制，为农村经济的持续健康发展提供坚实的金融支持。

第五章　金融创新形态支持农村经济发展探究

随着金融创新的不断深化，普惠金融、绿色金融、互联网金融、数字金融等新型金融形态为农村经济发展注入了新活力。本章将探讨这些金融创新形态如何支持农村经济发展，并分析它们的作用机制及实施路径，为农村金融创新提供理论指导和实践参考。

第一节　普惠金融支持农村经济发展

一、普惠金融促进农村经济发展的内在逻辑

"作为一种有效的金融机制，普惠金融能够显著提升农村地区的资本集聚能力和资源配置效率，是驱动乡村全面振兴及促进农业农村高质量发展的动力源泉。"[①]

从资源配置维度审视，普惠金融借助现代科技手段与创新业务模式，有力地打破了传统金融服务在地理空间与经济门槛上的双重限制。在广大农村地区，物理网点的稀缺曾长期制约金融服务的可及性。普惠金融通过搭建线上服务平台，如移动支付、网络信贷等应用的普及，使金融服务能够跨越地域的限制，精准触达偏远乡村的每一个角落。这不仅极大地降低了金融机构的运营成本，还显著减少了农户与小微企业获取金融服务的交易成本，使得

---

①赵凯芳,邱凯. 推进基于乡村振兴的普惠金融高质量发展 [J]. 中国农业资源与区划，2024，45（9）：205.

金融资源得以顺畅地流向农村各类经济活动。在农业生产领域，农户能够便捷地获取信贷资金用于购置农资、改良土壤、引进新技术等，有力地推动了农业生产的规模化与现代化；在农村小微企业层面，充足的资金支持有助于企业扩大生产规模、更新设备、研发新产品，进而增强其市场竞争力，促进农村产业结构的优化升级。这实现了金融资源在农村经济体系中的高效配置，为农村经济的可持续发展奠定了坚实基础。

在消费驱动层面，普惠金融为农村市场主体带来前所未有的机遇。一方面，它通过提供多样化的金融产品与服务，有效缓解了市场主体面临的流动性约束。对于从事农产品加工的小微企业而言，及时获得的流动资金贷款使它们能够按时支付原材料采购款项，确保生产活动的连续性，进而实现经营收入的稳定增长，为消费能力的提升奠定物质基础。另一方面，普惠金融与数字化技术的深度融合，催生了便捷的线上交易模式。如电商平台与移动支付的紧密结合，极大地拓展了农村消费市场的边界。农户足不出户就能购买到来自全国各地的优质商品，满足其多元化的消费需求，激发潜在的消费欲望，从而形成强大的消费驱动力，促进农村消费水平的整体提升，为农村经济增长注入新的活力。

普惠金融对农村业态创新具有显著的催化作用。它不仅为农村经济主体提供了不可或缺的资金支持，更重要的是，通过提升居民的金融素养与创新意识，激发了农民的创业热情与创新潜能。在金融知识的普及与金融服务的助力下，农民能够更加敏锐地捕捉市场机遇，勇于尝试新的农业生产模式与经营业态。一些地区的农民借助普惠金融提供的小额贷款，成功开展了特色农产品种植、生态农业旅游等创业项目。这些项目不仅实现了农民自身收入的大幅增长，还带动了周边农户的就业与增收，促进了农村劳动力、土地、技术等生产要素的高效配置与优化组合，提高了农村全要素生产率，增强了农村经济的整体竞争力，推动了农村经济朝着多元化、创新化的方向蓬勃发展。

二、我国农村地区普惠金融发展存在的问题

（一）可持续性面临挑战

农村地区普惠金融的可持续发展面临着诸多困境，其中成本收益问题尤为突出。农村经济基础相对薄弱，产业发展水平较低，金融需求呈现出分散、

小额、高风险的特点，导致金融机构在农村开展业务的成本较高。例如，在一些偏远山区，金融机构为提供金融服务，需要投入大量的人力、物力建设网点或开展流动服务，但业务量相对较少，难以实现规模经济。同时，农村地区信用环境相对较差，信息不对称问题严重，金融机构在风险评估与控制方面面临较大困难，进一步增加了运营成本。尽管政府出台了一系列政策优惠措施鼓励金融机构开展普惠金融业务，但在商业性与可持续性的矛盾面前，这些政策难以从根本上解决问题。金融机构在农村地区开展普惠金融业务往往缺乏内生动力，难以形成长期稳定的商业运作模式，这对普惠金融在农村的可持续发展构成严重威胁。

（二）金融服务与农村需求错配

农村普惠金融服务存在较为严重的供需错配问题。一方面，服务创新过度依赖大型金融机构，但这些机构在农村地区的服务门槛较高，与农村实际需求脱节。大型金融机构的金融产品和服务往往是基于城市市场和大客户需求设计的，审批流程繁琐，对抵押担保要求严格，难以满足农村小微企业和农户的实际需求。例如，农村小微企业通常规模较小、资产结构简单，难以提供符合大型金融机构要求的抵押物，但它们对资金的需求却十分迫切且具有灵活性。另一方面，农村金融机构在市场敏锐性方面存在不足，对农村金融市场的需求特点和变化趋势把握不够准确。同时，金融机构对交易数据的利用率较低，无法充分挖掘数据背后的信用信息和风险特征，难以根据农村客户的个性化需求设计有针对性的金融产品和服务。这导致金融产品同质化现象严重，无法满足农村经济多元化、个性化的发展需求，制约了农村普惠金融服务的有效性和精准性。

（三）数字普惠金融发展面临的困境

第一，基础设施建设滞后。农村地区地域辽阔、人口分散，互联网基础设施建设成本高昂，导致网络覆盖不足、信号质量差等问题较为普遍。许多偏远农村地区甚至尚未接入高速互联网，这严重制约了数字普惠金融服务的推广与应用。同时，银行网点服务设施更新缓慢，存在智能设备配备不足、自助服务终端功能有限等问题，无法满足数字金融业务的需求。

第二，农村居民金融知识匮乏，对网络技术的操作能力较低，难以适应数字普惠金融产品和服务的要求。他们在使用电子银行、移动支付等数字金融工具时面临诸多困难，容易因操作不当而引发风险。此外，数字普惠金融涉及多个领域，风险具有隐蔽性、传播速度快、危害范围广等特点，但我国目前的监管体系尚未完全适应数字普惠金融的发展需求，存在监管错位、重叠或空白等问题，难以有效防范和控制风险。这使得数字普惠金融在农村地区的发展面临较大的不确定性，阻碍了其对农村经济发展的促进作用。

三、农村地区普惠金融发展的建议

（一）加强基础设施建设

在通信基础设施方面，政府应加大政策激励力度，鼓励移动通信供应商积极参与农村网络建设，通过财政补贴、税收优惠等措施，降低其建设成本与运营风险。同时，引导手机生产商研发适合农村居民使用的智能手机产品，简化操作界面、提高产品耐用性，并降低价格，提高农村居民的移动终端拥有率，确保其能够便捷地接入互联网，为数字普惠金融服务的开展提供硬件支撑。

在数字支付基础设施建设上，应大力推广移动支付、网上支付等非现金支付方式，完善支付清算系统，加强支付安全保障。通过建设农村数字支付服务站、普及支付终端设备等措施，提高农村地区数字支付的便利性与覆盖率，降低现金交易带来的风险与成本，促进金融交易的高效性与安全性。

此外，还需高度重视信用信息平台建设。应利用大数据、人工智能等先进技术，整合分散在各部门的农村信用信息，包括农户的生产经营数据、信用记录、消费行为等，建立全面、准确、动态的农村信用数据库。同时，加强金融征信、市场征信与政府公共征信的信息共享与协同合作，打破信息壁垒，为金融机构提供可靠的信用评估依据，降低信息不对称带来的风险，提高普惠金融服务的精准性与效率。

（二）提升金融能力与素养

在金融知识普及方面，应构建多元化的教育体系。金融机构可联合政府部门、社会组织等，通过线上线下相结合的方式，广泛开展金融知识培训活动。线上方面，利用官方网站、社交媒体平台、移动应用等渠道，制作并发布通俗易懂的金融知识短视频、文章、漫画等内容，方便农村居民随时随地进行学习；组织专业人员深入农村社区、学校、集市等地，举办金融知识讲座、现场咨询活动，面对面为农村居民解答金融疑问。同时，将金融知识纳入农村学校教育课程体系，从小培养农村学生的金融意识与理财观念。

在金融服务过程中，金融机构应加强对农村居民的金融知识讲解与指导。针对不同金融产品和服务，提供详细的操作指南与风险提示，帮助农村居民正确理解和使用金融工具。

此外，政府、金融机构与农业机构应加强联动合作，开展金融与农业融合发展的培训项目。将金融理念与农业现代化技术有机结合，可以让农村居民深入了解金融在农业生产、经营与销售过程中的作用与价值，提升他们运用金融知识解决实际问题的能力。同时，培养他们金融与农业协同发展的思维与技能，增强农村居民对普惠金融的认知与信任，促进普惠金融在农村地区的有效推广与应用。

（三）创新金融产品与服务

金融机构应积极创新普惠金融产品与服务，以满足农村经济多元化需求。

各类金融机构应立足自身优势与特点，精准定位市场，差异化创新金融产品和服务。大型商业银行可依托其雄厚的资金实力、先进的技术平台与广泛的客户资源，加大对农村地区金融排斥群体的挖掘与扶持力度。充分利用数字技术，开发适合农村小微企业和农户的线上金融产品，如简化审批流程的小额信用贷款、基于农业产业链的供应链金融产品等。中小金融机构尤其是农村金融机构，应紧密结合农村地区经济特点与金融需求，提高市场敏感度。通过深入农村基层调研，金融机构可以了解农村客户的个性化需求与痛点问题，打造具有针对性的金融产品和服务。例如，针对农村特色产业发展需求，推出专项贷款产品；根据农户的生产周期与收入特点，设计灵活的还款方式。

同时应加大保险产品创新力度，充分发挥保险在分散农业风险、保障农民收益方面的重要作用。开发涵盖农业生产全过程的保险产品，如自然灾害保险、农产品价格保险、农业信贷保证保险等，为农业生产经营提供全方位的风险保障。降低农村经济主体面临的不确定性，增强他们的抗风险能力，这可以促进农村经济的稳定发展，推动普惠金融与农村经济深度融合。

（四）强化政策引导与支持

普惠金融的健康发展离不开政府的有效引导与支持。政府应持续优化政策环境，坚持"市场主导、政府引导"的原则，妥善处理好政府支持与金融机构自主经营的关系。

政府通过制定税收优惠、财政补贴、奖励激励等政策措施，鼓励金融机构积极参与农村普惠金融服务，加大对农村地区的信贷投放力度，降低金融服务成本，提高金融服务的可获得性，扩大金融服务的覆盖面。例如，对在农村地区开展普惠金融业务且达到一定标准的金融机构给予税收减免或财政补贴；对为农村小微企业和农户提供优质金融服务的机构，给予奖励表彰。

政府应引导金融机构加强与社保、医疗、教育等公共服务领域的合作，推动金融服务与民生领域的深度融合。例如，探索开展医疗金融服务，为农村居民提供便捷的医疗费用支付与信贷支持；发展教育金融，为农村学生提供教育资助与贷款。同时，促进金融机构与快递物流、电商销售等农村新兴产业的协同发展，打通农村金融服务的产业链条，提升金融服务的附加值与综合效益。此外，政府应健全政府性融资担保体系，完善风险分担机制，通过财政出资、吸引社会资本等方式，壮大融资担保基金规模，提高担保能力与效率，为小微企业及"三农"发展提供有力的增信支持，有效缓解农村经济主体融资难、融资贵问题，促进普惠金融在农村地区的可持续发展，助力农村经济繁荣发展。

（五）完善风险防控体系

金融机构应充分利用数字技术，提升风险防控能力。可以通过大数据分析、人工智能算法等技术手段，对客户信用状况进行全面、动态、精准的评估，建立科学合理的信用评级模型，有效识别与防范逆向选择和道德风险。

金融机构应加强对客户交易数据的实时监测与分析，及时发现异常交易行为与潜在风险点，并提前采取风险预警与防控措施，提高风险识别的前瞻性与准确性。同时，监管部门应加快推进金融监管创新，以适应普惠金融尤其是数字普惠金融的发展趋势。

监管部门应加强数字技术在金融监管中的应用研究与实践探索，利用大数据、区块链等技术构建智能化监管平台，实现对普惠金融业务的全流程、穿透式监管，提高监管效率与精准度，避免监管空白与漏洞。

此外，应加快普惠金融立法进程，明确金融机构、消费者、监管部门等各方在普惠金融活动中的权利与义务，规范普惠金融市场秩序，为普惠金融发展提供坚实的法律保障。同时，加强对金融消费者权益的保护，建立健全金融消费纠纷调解机制，确保消费者在普惠金融服务过程中的合法权益得到有效维护。

第二节　绿色金融支持农村经济发展

"随着我国供给侧结构性改革的深入，绿色金融应运而生，为推动中国经济建设及绿色产业发展提供了必要的支撑。"[①]绿色金融主要聚焦于为环境改善、应对气候变化及资源高效利用相关的经济活动提供金融支持。其涵盖领域广泛，涉及绿色建筑、交通、能源、环保等多个关键领域的风险管理、项目运营及投融资活动。当前，我国绿色金融呈现出蓬勃发展的态势，绿色融资、绿色债券、绿色贷款、绿色股票及绿色保险等多种形式并存。这些形式通过为环保和可持续项目提供资金保障、设立绿色基金以及发行债券等手段，为可再生能源开发、能源效率提升、清洁交通建设、生态保护以及环保基础设施完善等提供了强有力的支持，有力地推动了相关产业的绿色升级与改造，提升了企业应对自然灾害和气候变化的能力。更为关键的是，绿色金融从制度、机制和模式等多维度为企业的生态环保、绿色生产等活动提供了明确的方向，有力地促进了企业的可持续发展。

一、绿色金融支持农村经济发展的积极意义

（一）提供资金支持

在全面推进乡村振兴的战略背景下，绿色金融精准聚焦国家乡村振兴核心要点。涉农金融机构将目光投向了那些对农村经济发展起着关键支撑作用的重点区域，如脱贫县、帮扶县以及易地搬迁集中安置点等地。为切实助力这些区域实现可持续发展，涉农金融机构采取了一系列行之有效的措施。其中，广泛推广"富民贷"成为一大亮点。通过"富民贷"，涉农金融机构大力扶持当地特色产业，为产业发展注入源源不断的资金动力，使一个个乡村

[①]赵凯芳，邱凯. 推进基于乡村振兴的普惠金融高质量发展［J］. 中国农业资源与区划，2024，45（9）：205.

产业项目得以落地生根、苗壮成长。

在关乎民生福祉的工程建设方面，金融服务力度也不断加大。无论是改善农村居住环境的基础设施建设，还是提升教育、医疗水平的公共服务项目，都有金融力量的深度参与。如此一来，脱贫地区自身的发展活力被充分激发，内生发展动力得以显著增强。不仅如此，当前多数涉农金融机构深入调研农民需求，贴心打造出了多款农户专属贷款产品，惠农 e 贷、惠农网贷、"富民贷"等便是其中典型代表。这些贷款产品具有手续简便、放款快捷等诸多优势，能够精准对接农民在农业生产过程中的资金需求，助力广大农民扩大生产规模、引进先进技术、优化种植养殖结构，进而实现增收致富。农民收入的增加和消费能力的提升，又会进一步带动农村地区商业、服务业等各行各业的繁荣发展，创造出更多的就业岗位，为整个区域经济发展注入强劲动力，形成良性循环。

（二）助力产业结构调整

长期以来，农村地区的产业结构相对单一，主要以农业以及基础加工业为主。这类传统产业普遍存在经济效益偏低、产品附加值小的问题，导致农村经济发展缓慢，难以适应新时代市场竞争的需求。尽管与第二产业和第三产业相比，农村第一产业在增加值占比上仍稍显逊色，优势不够明显，但不可忽视的是，部分省、自治区第一产业增加值呈现出非常可观的增长态势。这无疑为农村产业结构调整提供了坚实的基础与信心。依据农业农村部发布的《全国乡村重点产业指导目录》，农村产业发展应朝着多元化、协同化方向迈进。具体而言，就是在"乡村制造""农产品加工业""现代种养业""乡村休闲旅游业"等分类框架下，进一步细分出众多二级分类，涵盖"优势特色种养业""规模种养业"等领域。在实际推动农村产业结构调整的过程中，关键在于实现第一产业与第二、第三产业的深度融合。以农业全产业链为依托，在农业研发、生产、消费、体验等各个环节巧妙引入其他领域的优势资源，实现多领域协同创新发展。但必须清醒认识到，每一个环节的顺畅运作都离不开大量资金的支撑。无论是新技术的研发投入、新设备的购置，还是人才引进与培养、市场拓展等，无一不需要雄厚的资金保障。此时，绿色金融凭借其独特优势，能够为农村产业结构转型升级提供长期、稳定且充足的资金支持，成为农村产业迈向现代化的有力助推器。

（三）推动多元化发展

农村需要明确金融支持农村绿色发展的方向与重点。涉农金融机构积极响应政策号召，围绕农村生态环境保护与资源循环利用等诸多关键领域，如秸秆综合利用、畜禽粪污资源化利用、农业面源污染综合治理、农村水系综合整治等，果断采取绿色金融投入措施。

第一，通过提供绿色金融信贷支持，为那些致力于开展生态环保型农业生产、农产品深加工以及乡村生态修复的企业和农户提供急需资金，帮助他们破解资金瓶颈。

第二，发行绿色金融债券，广泛募集社会资金，专项用于支持农村绿色产业项目，为农村绿色发展汇聚力量。这些举措切实有效地改变了以往微型食品加工、小型家庭作坊粗放式的经营模式，促使其向绿色、环保、可持续方向转型升级。同时，也极大地减少了农户日常生活中的不环保行为，营造出乡村绿色发展的良好氛围。

第三，涉农金融机构严格依据《"十四五"农业农村建设发展规划》所规定的内容，紧密结合其中八项现代农业农村建设工程，精准发力，为众多农村前景向好的项目提供强有力支持。例如，为购置养殖场粪污处理设备设施提供资金，助力解决畜禽养殖业污染问题，实现养殖产业与生态环境协调发展；积极推动农村产业升级，大力扶持乡村生态旅游产业，挖掘乡村自然景观与民俗文化资源，打造特色乡村旅游品牌，吸引城市游客前来观光休闲，带动农村餐饮、住宿等服务业繁荣发展；全力加快新型乡村项目建设，加大对农村道路、水电、通信等基础设施建设的投入，改善村容村貌，提升农村居民生活品质，全方位推动农村经济朝着多元化方向蓬勃发展。

二、绿色金融支持农村经济发展的作用机制

（一）推动农村生态环境改善

绿色金融秉持绿色发展理念，与农村生态环境建设高度契合。在农村地区，农业面源污染、生态退化等问题较为突出。绿色金融可引导资金流向农村生态环境保护项目，如农村污水治理、土壤修复、垃圾处理及生态林建设等。通过为这些项目提供融资支持，绿色金融能够推动农村生态环境基础设施建设，减少污染物排放，提升生态系统的稳定性与服务功能，实现农村生

态环境的可持续发展，进而为农村经济的绿色发展筑牢根基。

此外，绿色金融还能促进农业绿色技术的创新与应用。通过创新金融产品和服务，如绿色信贷、绿色债券、绿色基金等，绿色金融能够为农业绿色技术的研发和推广提供资金保障，推动农业向更加环保、高效的方向发展。同时，绿色金融的推广也有助于提高农民的环保意识。通过金融教育和宣传，农民认识到环保的重要性，从而积极参与农村生态环境的保护，共同构建美丽乡村。

（二）促进农村产业绿色升级

在农村经济结构调整的过程中，绿色金融扮演着至关重要的角色。

第一，绿色金融为传统农业向绿色农业的转型提供了强大的支持。它不仅促进了绿色种植和养殖技术的研发与应用，还鼓励了生态农业、循环农业等新型农业模式的发展。通过这些措施，农业生产对环境的负面影响得到有效减少，同时农产品的质量和市场竞争力也得到显著提升。绿色金融的介入，使农业发展更加注重保护环境和节约资源，推动了农业生产的绿色转型，为实现可持续发展目标提供了有力的金融支持。

第二，绿色金融还推动了农村绿色产业的发展，例如农村新能源产业、节能环保产业以及生态旅游产业等。它为这些产业的企业提供了绿色信贷、绿色债券等金融服务，促进了产业规模化和集约化发展。这些措施有助于延伸农村产业链，提升农村产业的附加值，优化农村产业结构，并增强农村经济发展的韧性和可持续性。绿色金融的助力，不仅为农村绿色产业提供了资金支持，还促进了相关技术的创新和应用，加速了农村经济的绿色转型，为农村地区的长远发展注入了新的活力。

（三）培育农村绿色发展人才

人才是推动农村经济发展的关键因素之一，而绿色金融在促进农村人才培育方面扮演着至关重要的角色。绿色金融的支持使得农村地区的绿色产业蓬勃发展，这不仅为当地居民创造了大量的就业机会，也为有志于创业的人们提供了广阔的平台，从而吸引了更多的人才流向农村地区。

此外，绿色金融还能够为农村绿色技能培训项目提供资金支持。这些项目覆盖生态农业技术、农村新能源利用技术、生态旅游服务技能等多个领域。通过这些培训，农民们能够提升他们的绿色生产技能，增强环保意识，从而培育出一批懂技术、会经营、善于管理的新型农民。这些新型农民将成为农村经济绿色发展的坚实人力支撑，进一步激发农村经济发展的内生动力，为可持续发展奠定基础。

三、绿色金融支持农村经济发展的实践案例与启示

在乡村振兴战略的持续推进中，绿色金融成为农村经济可持续发展的关键支撑。甘肃省、浙江省、吉林省根据自身的经济、社会与生态环境特点，积极探索绿色金融支持农村经济发展的实践路径，为全国提供了丰富多样的经验样本。

（一）绿色金融支持农村经济发展的实践案例

1. 甘肃省的绿色金融实践

甘肃省在绿色金融发展方面积极探索，形成了自身特色。在绿色信贷领域，金融机构不断创新，推出了契合当地产业需求的产品，如围绕新能源、生态农业等产业提供专项贷款，有力推动了相关产业的发展。在绿色保险方面，积极开展环境污染责任保险、农业气象指数保险等特色险种的试点工作，在应对农业自然灾害和环境污染风险方面发挥了重要作用。绿色债券市场也逐渐起步，部分金融机构和企业发行了绿色债券，为绿色项目融资开辟了新渠道。此外，政府积极引导设立绿色基金，重点扶持当地绿色产业项目，促进了产业升级。

（1）甘肃省农村经济发展现状

甘肃省农村经济在产业、生态和社会等方面均展现出独特的发展态势。在产业方面，特色农业不断发展，如河西走廊的节水农业、陇南的山地特色农业等，农产品附加值逐步提升。同时，乡村旅游依托当地丰富的自然和文化资源，如敦煌的乡村文化游、甘南的草原生态游等，已成为农村经济的新增长点。在生态方面，地处西北的甘肃省积极推进生态保护与修复工程，如沙漠治理、水土流失防治等，农村生态环境得到改善。在社会方面，农村基础设施建设不断加强，道路交通、水电供应等条件日益完善，教育、医疗等公共服务水平也有所提高。

（2）甘肃省绿色金融支持农村经济发展的作用机制与成效

绿色金融在甘肃省农村经济发展中作用显著。在资金支持方面，通过绿

色信贷和绿色基金为农村绿色产业提供资金，助力农业企业扩大生产规模、引进新技术。例如，为新能源农业设备购置提供贷款，促进了农业生产效率的提升。在风险分担方面，绿色保险机制有效降低了农业生产风险，保障了农民收入的稳定。如气象指数保险在干旱、霜冻等灾害发生时给予农民补偿，减少了损失。在产业升级方面，绿色金融引导农村传统产业向绿色化转型，促进了农业与第二三产业的融合发展。比如，支持农产品加工企业采用环保技术，打造绿色品牌，提升了市场竞争力。在生态改善方面，绿色金融为农村生态修复项目提供资金，推动了清洁能源在农村的应用，实现了经济与生态的协调发展。

（3）甘肃省绿色金融支持农村经济发展存在的问题

在金融供给方面，农村地区金融服务网点相对较少，金融产品种类有限，难以满足农村经济主体多样化需求。部分偏远地区农民获取金融服务不便，限制了绿色金融的覆盖范围。在风险防控方面，农村绿色项目风险评估难度较大，缺乏专业的评估体系和人才，金融机构对农村绿色项目的投资较为谨慎。在金融产品创新方面，受当地经济发展水平和市场规模限制，创新动力不足，难以推出符合农村实际的个性化金融产品。此外，农村金融体系也有待完善，信息不对称问题突出，金融机构与农村经济主体之间沟通不畅，影响了金融资源的配置效率。

（4）促进甘肃省绿色金融支持农村经济发展的对策建议

为促进绿色金融更好地支持农村经济发展，政府应加强政策引导。设立绿色金融专项奖励资金，对积极参与农村绿色金融业务的金融机构给予奖励，以激发其积极性。完善监管制度，制定符合甘肃省农村实际的绿色金融监管细则，以规范金融市场秩序。加强农村信用体系建设，建立农户和农村企业信用档案，以改善信息不对称状况。推动农村金融体系建设，鼓励金融机构在农村增设服务网点，以拓展服务范围。金融机构自身要加大创新力度，结合当地农村产业特点，开发如针对特色农产品种植养殖的绿色信贷产品、适应农村旅游发展的保险产品等。加强金融人才培养，提高从业人员对农村绿色金融业务的专业能力，为甘肃省农村经济绿色发展提供有力支持。

2. 浙江省的绿色金融实践

浙江省在部分地区试点推行以"两山合作社"为特色的绿色金融模式，该模式通过整合乡村闲置资源，包括土地、房屋等，经过确权评估后，吸引社会资本投入绿色产业项目，如生态农业、乡村旅游等，促进资源资产化与资本化，带动乡村经济发展与农民增收。

"两山合作社"创新资源整合与资本运作模式，打破了传统金融支持乡村的局限，有效盘活了乡村闲置资源，精准对接了绿色产业项目，实现了生态与经济价值的高效转化，为乡村经济发展注入了新活力。

浙江省农村绿色金融在推广过程中可能面临不同地区资源禀赋差异带来的模式适应性问题，以及社会资本参与度的波动风险。部分乡村可能因资源分散或产权不明晰而增加资源整合的难度与成本，影响项目推进的效率与收益。

浙江省农村绿色金融的实践策略：持续完善"两山合作社"运作机制，因地制宜地优化资源整合流程与项目筛选标准，提升模式的普适性；加强政策扶持，如提供税收优惠、财政补贴等，以增强社会资本的吸引力与稳定性；建立健全资源产权明晰制度与评估规范体系，降低整合成本与风险，保障项目的顺利实施与持续运营。

3. 吉林省的绿色金融实践

吉林省作为农业大省，深入探究其绿色金融对农村经济的支持状况具有重要的现实意义。

（1）吉林省绿色金融支持农村经济发展的重要意义

吉林省农业虽在总产值与农民可支配收入方面呈增长趋势，但长期依赖化肥增产，导致环境遭受严重污染，黑土地有机成分流失，且部分高污染、高能耗项目的引入加剧了环境破坏。在此背景下，绿色金融成为推动农村经济可持续发展的关键要素。

绿色金融能够引导农业向绿色有机、生态循环方向发展，为绿色农业各领域及生态保护项目提供资金保障，助力农村产业结构优化升级，实现低碳环保转型，从而促进农村经济高质量发展。同时，它提供专项资金，支持农民开展绿色农业项目，依托农村自然资源优势，推动农业精细化与科技化融合发展，增加农民收入，进一步夯实农村经济发展基础。

（2）吉林省绿色金融的发展现状

第一，呈现规模持续增长态势。近年来，吉林省金融机构积极响应国家绿色发展号召，加大对绿色项目的支持力度，如农业银行吉林省分行积极推动农业绿色产业发展，体现出绿色金融规模的不断扩张。

第二，政策扶持力度逐渐增强。自 2014 年起，吉林省政府陆续出台了一系列绿色金融政策文件，明确了发展目标与方向，为金融机构提供了指引。例如，《吉林省金融支持经济结构调整和转型升级工作实施方案》推动了信贷资金投入绿色项目；《吉林省人民政府办公厅关于推进绿色金融发展的若干意见》完善了绿色信贷机制等。然而，与其他省份相比，政策数量仍显不足，且实施过程中存在短板，部分政策尚停留在文件层面，在一定程度上制约了绿色金融的发展。

（3）吉林省绿色金融支持农村经济发展现存问题

第一，绿色发展意识淡薄。尽管吉林省发布了诸多农业绿色转型政策，但对农民绿色意识的培育有所忽视。传统粗放农业生产方式仍然存在，如秸秆焚烧现象屡禁不止，这源于农民环保意识欠缺，导致政策落实不佳。同时，部分高能耗、高污染企业向农村转移，企业主受短期利益驱使，缺乏绿色转型动力，阻碍了农村绿色发展进程。

第二，供需失衡问题突出。吉林省农村绿色金融虽有发展，但在经济发展中作用有限，存在资金供给缺口。一方面，绿色信贷起步晚，农村投放比重低，难以满足绿色经济与生态建设需求；另一方面，农村绿色项目投资回收期长，金融机构面临资源错配风险。此外，绿色资金来源主要依赖农商行、信用社等，渠道单一、规模小，加剧了供需不匹配的状况。

第三，信息共享平台缺失。吉林省农村尚未构建信息与信用共享平台，金融机构获取农户信息困难，审核贷款需耗费大量时间和精力，增加了运营成本。部分农村企业在申请绿色金融工具时，存在隐瞒或伪造信息骗取资金的现象，这严重阻碍了绿色金融在农村的推广普及，增大了金融机构的资金风险。

（4）吉林省绿色金融支持农村经济发展的优化路径

第一，加强绿色发展理念培育。金融机构应加大对农村绿色资金的投入，如农行吉林省分行助力县域旅游与农业发展的模式可发挥示范效应，向农户宣传绿色农业技术优势，促使农民观念转变。农村中小企业需摒弃短期利润追求，认识到绿色转型对可持续发展的重要性，利用绿色资金引进科技改进生产方式。金融机构自身要加大对农村绿色发展的支持力度，把握吉林省农业大省的绿色转型机遇，拓展绿色金融业务。

第二，拓展绿色金融供给渠道。农村经济主体可通过农机抵押等创新担保方式，降低金融机构的贷款风险，增强其贷款意愿，从而促进绿色金融供给的增加。金融机构应紧密结合吉林省的区域发展规划，聚焦东部绿色转型、西部生态经济、中部创新转型等区域项目，如对接绿色农业、冰雪产业等，扩大投资规模。同时，创新金融产品，除传统绿色信贷外，还可开发针对黑土地保护的耕地地力保险、农业面源污染环境责任保险等绿色保险产品。

第三，完善农村信用体系建设。吉林省可依托金融学会绿色金融委员会平台，强化农村与金融机构的合作，探索绿色金融服务的新模式。利用大数据整合农村经济、产业转型等信息，构建科学的信用评级机制，助力金融机构降低信用风险。金融机构还应搭建绿色金融信息披露平台，定期上报相关数据，由政府负责审查并公示，增强业务的透明度与真实性，保障绿色金融的健康发展。

（二）绿色金融支持农村经济发展的案例启示

1. 协同合作：绿色金融与农村经济融合的基石

当前，绿色发展理念被广泛接受，研究绿色金融与农村经济的结合路径成为重要议题。通过分析甘肃、浙江、吉林三个省份的绿色金融实践案例，我们得出一个核心结论：实现绿色金融与农村经济的深度融合和协同发展，需多方共同努力。

在甘肃，政府制定政策促进绿色农业产业发展，金融机构提供定制化信贷产品支持农村清洁能源项目，社会力量则积极参与生态农业技术推广。浙江利用市场经济优势，政府搭建平台促进金融资本与农村绿色创新企业的对接，社会组织则参与乡村生态旅游规划。吉林依靠黑土地资源，政府、金融机构和社会各方共同支持有机农业、林业碳汇等项目，推动产业升级。

在此过程中，政府、金融机构和社会各方均发挥了重要作用。只有各方紧密协作，才能为农村经济的绿色转型和可持续发展提供强劲动力，推动乡村振兴。

2. 政策引领：驱动绿色金融发展的关键引擎

政府在绿色金融支持农村经济发展中承担着核心的引领职责。精准且富有成效的激励政策是激发金融机构积极参与绿色金融业务的强大动力。例如，政府可以设立专项奖励基金，针对在绿色信贷投放量、绿色项目投资规模等方面表现突出的金融机构给予丰厚奖励；或者实施税收减免优惠政策，切实降低其运营成本，从而引导金融资源大量流入农村绿色产业领域。

当前，各地绿色金融标准的不统一严重制约了其推广与发展。政府应积极作为，组织业内权威专家和行业精英共同研讨，制定一套清晰、实用且全国统一的绿色金融标准体系。该体系应全面涵盖项目认定的关键指标、风险评估的科学方法、绩效衡量的合理准则等核心环节，为金融机构的业务操作提供精准、可靠的指导，确保绿色金融业务规范、有序开展。

强化监管规范是维护绿色金融市场健康稳定运行的重要保障。政府需构建严密的监管框架，明确各监管部门的职责权限，防止监管空白或重叠。同时，加大对违规行为的惩处力度，提高违法成本，有效防范金融风险的滋生与蔓延，通过营造公正、透明、有序的市场环境，促进绿色金融市场的良性发展。

3. 金融创新：满足农村多元需求的核心路径

金融机构作为绿色金融实践的直接执行者，创新服务模式与产品是其履行职责的关键所在。鉴于农村经济具有复杂性和多元化需求的特征，传统金融服务模式往往难以有效满足这些需求。因此，金融机构必须深入农村基层，通过实地调研、数据分析等方式，精准把握农民、农业企业以及农村产业的特殊金融需求。

针对农业生产周期长、风险高的特性，金融机构应积极设计开发专属的绿色信贷产品。如可以设置灵活多样的还款期限，根据农作物的生长周期和收益情况合理安排还款计划；提供优惠的贷款利率，以降低农业生产的融资成本；同时，创新抵押担保方式，除传统抵押物外，探索将农业生产设备、农产品订单、土地经营权等纳入抵押范围，切实减轻农村经济主体的融资负担。

在拓展业务广度与深度方面，金融机构应突破传统信贷业务的局限，大力发展绿色保险、绿色债券、绿色基金等多元化金融产品。绿色保险可以为农业生产提供风险保障，减少自然灾害等不可抗力因素对农业造成的损失；绿色债券可以吸引社会资金投入农村基础设施建设和绿色产业发展；绿色基金则能为农村新兴绿色产业提供长期稳定的资金支持。通过构建全方位、多层次的金融服务体系，全面满足乡村在生态农业建设、农村基础设施改善、乡村旅游开发等多领域的金融需求，推动农村经济的多元化发展。

4. 信用建设：夯实绿色金融根基的重要支撑

农村信用体系建设是绿色金融在农村地区有效落地的关键基础。在广大农村地区，信息不对称问题极为突出，犹如一道难以逾越的障碍，严重阻碍了金融资源的顺畅流通。因此，借助现代信息技术手段，如大数据、云计算、区块链等，构建一个互联互通、信息完备的农村信用共享平台具有极其重要的战略意义。

通过整合农业农村部门、金融机构、工商税务等多渠道的信息资源，能够全面、准确地刻画农村经济主体的信用画像。该信用画像涵盖农户和农村企业的基本信息、生产经营状况、信用历史记录等关键内容，为金融机构的信贷决策提供可靠依据。在信用共享平台上，信用信息可以实现实时更新与共享，使金融机构能够快速、精准地评估风险，有效降低信息搜集成本和信贷风险，提高金融服务的可获得性和效率，为绿色金融在农村的持续发展提供有力保障。

5. 因地制宜：实现可持续发展的必然选择

因地制宜地探索适合本地的绿色金融模式，是推动农村经济可持续发展的必由之路。不同地区的农村在自然资源禀赋、产业基础、文化传统、生态环境等方面存在显著差异，因此，绿色金融模式不能一概而论，简单复制。各地区应深入挖掘自身独特优势与潜力，实施差异化发展策略。

对于自然资源丰富的地区，可以充分利用生态资源优势，开发与之相适配的绿色金融产品。例如，围绕生态旅游资源，开发绿色信贷产品，支持景区建设、旅游服务设施完善等项目；针对林下经济产业，提供专项金融支持，促进林下种植、养殖等产业的发展。而在农业产业发达的地区，则应聚焦农业绿色生产、农产品加工等核心环节，创新农业供应链金融模式，通过整合农业产业链上下游资源，为农产品生产、加工、销售等环节提供全方位的金融服务，保障农业产业的稳定发展。

通过精准定位和特色发展，各地能够充分释放乡村资源的经济与生态价值，促进生态与经济的良性互动与融合发展，稳步迈向乡村振兴的宏伟目标。

6. 经验推广：助力全国绿色转型的积极动力

甘肃、浙江、吉林三省的绿色金融实践为全国农村经济绿色转型提供了极具价值的经验借鉴。各地应充分汲取这些成功经验，紧密结合本地实际情况，积极探索创新，加强政府、金融机构和社会各方的协同合作。

在政策制定方面，应借鉴先进地区的激励政策和监管模式，结合本地产业特点和生态需求，制定适宜的政策措施；金融机构要学习创新服务理念和产品设计思路，不断提升金融服务能力；社会各方应积极参与，共同营造良好的绿色金融发展氛围。通过共同努力，我们可以推动绿色金融在农村地区蓬勃发展，为乡村振兴战略的全面实施注入强劲动力，描绘出农村经济绿色发展、生态宜居、生活富裕的美好蓝图，实现农村经济的可持续发展与社会的全面进步。

四、绿色金融支持农村经济发展面临的挑战与策略

（一）绿色金融支持农村经济发展面临的挑战

1. 意识层面的困境

农民群体受教育程度相对较低，对绿色金融的认知和理解有限，难以深刻地认识到绿色金融在促进农村经济发展中所扮演的重要角色以及蕴含潜在机遇。同时，农村地区的大多数企业规模较小，其经营理念往往侧重于短期的成本与收益，而忽视对绿色发展的长远战略考量。因此，这些企业往往不愿意投入资源进行绿色技术的研发与应用，对绿色金融产品的接受度普遍较低。这一现象在很大程度上限制了绿色金融在农村地区的推广与普及，阻碍了绿色金融对农村经济发展的积极促进作用的发挥。

2. 产品供给与需求的矛盾

农村绿色金融产品供给体系存在显著缺陷。大型金融机构在农村地区的业务布局相对薄弱，对农村绿色金融市场的关注度不足，金融资源主要集中于城市地区与大型企业项目。而农村本土金融机构，如村镇银行、农信社等，受资金规模、技术水平与专业人才的限制，难以独立开发并提供多样化、个性化的绿色金融产品，导致农村绿色金融产品种类单一、创新性不足。

从农村经济主体的需求角度来看，农村绿色企业与农业经营主体具有独特的生产经营特点与金融需求。它们生产周期较长、风险较高、抵押物相对缺乏，但资金需求具有季节性、临时性与小额分散的特征。然而，现有的农村绿色金融产品在期限、额度、利率及担保方式等方面，未能充分契合这些需求特点，导致农村绿色金融产品供需严重失衡，无法有效满足农村经济发展的实际金融需求。

3. 金融工具协同的困境

随着绿色金融在农村的发展，金融工具日益丰富，但各类金融工具之间缺乏有效的协同机制。在农村金融市场中，银行信贷、证券融资、保险保障、基金投资等金融工具各自为政，未能形成有机的整体。不同金融机构之间的信息交流不畅、合作渠道有限，在支持农村绿色项目时难以实现优势互补与资源整合，导致金融资源配置效率低下，无法充分发挥各类金融工具在农村绿色经济发展中的协同作用。这增加了农村经济主体获取绿色金融服务的难度与成本。

4. 政策机制的不完善

尽管政府已出台一系列政策文件支持绿色金融助力农村经济发展，但在政策的细化与落地实施方面仍存在诸多问题。在资金引导机制上，缺乏明确、具体的操作细则与标准，导致绿色金融资金难以精准流向农村绿色产业与项目，资金流向存在一定的盲目性与不确定性。在风险分担与补偿机制方面，农村绿色项目面临的自然风险、市场风险较高，但相应的风险分担机制不健全，政府财政补贴力度有限，金融机构在开展农村绿色金融业务时承担的风险过大，严重影响了其开展业务的积极性与主动性。

此外，农村信用体系建设滞后，信用信息采集与评价机制不完善，农村经济主体的信用信息分散、不完整，使得金融机构难以准确评估其信用状况，增加了金融交易成本与风险，进一步制约了绿色金融在农村的深入发展。

（二）绿色金融支持农村经济发展的应对策略

1. 强化绿色金融意识培育

政府部门、金融机构与社会组织应协同合作，开展全方位、多层次的绿色金融知识宣传教育活动。通过举办绿色金融知识讲座、培训课程、专题研讨会等形式，深入农村基层，向农民和农村企业普及绿色金融的概念、政策、产品与服务。同时，利用电视、广播、报纸、网络等媒体平台，开设绿色金融专栏与专题节目，传播绿色金融成功案例与实践经验，提高农村社会对绿色金融的认知度与认同感。

建立农村绿色金融示范项目与试点地区，选取具有代表性的农村绿色产业项目与村庄作为示范对象，展示绿色金融支持下农村经济绿色发展的成果与效益，发挥示范引领作用，激发农民与农村企业参与绿色金融的积极性与主动性，引导其树立绿色发展理念，主动寻求绿色金融支持，营造农村绿色金融发展的良好社会氛围。

2. 优化绿色金融产品供给与需求匹配

金融机构应加强对农村绿色金融市场的调研与分析，深入了解农村绿色企业与农业经营主体的生产经营特点、资金需求规律及风险特征。结合农村实际情况，创新绿色金融产品与服务，开发适应农村生产周期的中长期绿色信贷产品，并设置灵活的还款方式与额度调整机制。同时，推出基于农村特色资产的抵押担保贷款产品，如农村土地经营权抵押、大型农机具抵押、农产品订单质押等。此外，探索绿色金融与农业产业链相结合的金融产品模式，如农业供应链金融、绿色产业基金等，以满足农村经济主体多样化的金融需求。

完善农村绿色金融产品的定价机制，充分考虑农村绿色项目的环境效益、社会效益及风险成本，合理确定贷款利率、服务费率等价格水平。在保障金融机构合理收益的同时，降低农村经济主体的融资成本。加强金融机构与农业科技企业、农业专业合作社、农业社会化服务组织等的合作，整合各方资源，为农村绿色产业提供综合性金融服务方案，提升农村绿色金融服务的质量与效率，促进农村绿色金融产品供给与需求的有效匹配。

3. 加强绿色金融工具协同合作

政府应发挥主导作用，建立健全农村绿色金融工具协同发展的政策体系与协调机制。制定鼓励金融机构开展绿色金融合作的政策措施，如税收优惠、财政补贴、差别准备金率等，引导银行、证券、保险、基金等金融机构加强合作，打破行业壁垒，实现资源共享与优势互补。

构建农村绿色金融综合服务平台，整合各类金融机构的业务信息、产品信息与客户信息，为农村绿色项目提供一站式金融服务。平台的信息共享与业务协同功能可以促进绿色信贷、绿色债券、绿色保险、绿色基金等金融工具在农村绿色项目中的联合应用。例如，银行信贷与保险机构合作开展绿色信贷保证保险业务，降低银行信贷风险，提高农村绿色企业的融资可获得性；证券机构与银行、基金合作，为农村绿色企业提供上市辅导、股权融资、债券发行等多元化融资渠道，推动农村绿色产业的资本化运作，提升农村绿色金融服务的整体效能。

4.完善绿色金融政策支持体系

政府应进一步细化绿色金融支持农村经济发展的政策细则，明确绿色金融资金的投向标准、支持范围及操作流程，确保资金能够精准流向农村绿色产业的关键领域与重点项目。加大对农村绿色金融的财政支持力度，设立专项财政资金，用于农村绿色项目的贴息、补贴、奖励与风险补偿，以降低金融机构的风险成本，提高其开展农村绿色金融业务的积极性。

为完善农村绿色金融风险分担与补偿机制，应建立政府、金融机构、企业与社会共同参与的多元化风险分担体系。鼓励地方政府与金融机构共同出资设立农村绿色金融风险补偿基金，对因自然灾害、市场波动等不可抗力因素导致的农村绿色项目损失进行补偿。同时，推动农业保险机构创新绿色农业保险产品，扩大保险覆盖范围，提高保险赔付标准，提升农村绿色产业的风险抵御能力。

此外，需加强农村信用体系建设，建立统一的农村信用信息平台，整合工商、税务、农业农村、金融等部门的信用信息资源，完善农村经济主体的信用评价指标体系，提高信用信息的准确性与完整性。加强农村信用文化建设，开展信用村、信用户评选活动，对信用良好的农村经济主体给予金融优惠与政策支持，营造诚实守信的农村金融生态环境，为绿色金融在农村的健康发展提供有力保障。

绿色金融支持农村经济发展是实现农村经济绿色转型与可持续发展的重要路径，但在实践过程中面临着诸多挑战。强化意识培育、优化产品供给、加强工具协同与完善政策体系等一系列策略的实施能够有效应对这些挑战，充分发挥绿色金融在农村生态环境改善、产业升级与人才培育等方面的作用，推动农村经济高质量发展，助力乡村振兴战略的全面实施。

第三节　互联网金融支持农村经济发展

互联网金融是传统金融与互联网技术深度融合的产物，它借助互联网平台、大数据、云计算、人工智能等先进技术，实现金融资源的配置、支付结算、投融资等金融功能。通过线上平台提供服务，互联网金融能够随时随地为用户提供服务，不受时间和地点的限制，极大地提升了服务的可获得性和便利性。它降低了实体网点建设和人工成本，利用大数据和自动化技术减少了运营成本，从而能够提供更具竞争力的利率和费用。互联网金融还创新了产品和服务模式，满足了个性化需求，激发了市场活力。平台通过大数据分析用户数据，挖掘信用和消费行为，缓解了信息不对称问题，提高了风险评估和资源配置效率。"随着数字经济成为国家发展战略，互联网金融逐渐成为当前金融行业发展的新趋势。"[①] 在当前经济发展格局中，农村经济的振兴对于实现整体经济的可持续增长至关重要。互联网金融凭借其独特的优势，在促进农村金融创新、优化资源配置、提升金融服务效率等方面发挥着关键作用，为农村经济发展注入了新的活力。

一、互联网金融在农村经济发展中的作用

提升农村金融服务覆盖范围与便捷性：互联网金融的发展弥补了农村地区传统金融服务网点不足的缺陷，使农村居民能够便捷地获取金融服务，如在线贷款申请、转账汇款、理财投资等，提高了农村金融服务的可及性和普惠性。

缓解农村融资难题：传统金融机构在农村面临信息不对称和抵押物不足等问题，导致农村融资困难。而互联网金融利用大数据分析和创新的信用评估模型，能够更好地评估农村借款人的信用状况，为农户和农村企业提供多元化的融资渠道，降低融资门槛，增加农村资金供给。

推动农村产业升级与创新：互联网金融为农村产业发展提供了资金支持，促进了农村第一二三产业融合发展。例如，在农业领域，它支持新型农业经营主体的发展壮大，推动农业现代化进程；在农村电商领域，它助力农产品上行和工业品下行，拓展了农村市场，激发了农村经济的创新活力。

助力农村消费升级：互联网金融提供的消费信贷等服务，刺激了农村居民的消费需求，改善了农村消费环境，推动了农村消费升级。农村居民可以通过分期付款等方式购买家电、农机具等生产生活资料，提升了生活质量和生产效率。

---

① 张荣静. 互联网金融与农村经济的关联分析［J］. 农业经济，2022，(9)：102-103.

二、农村互联网金融服务的优势与模式

（一）农村互联网金融服务的优势

1. 提升金融服务可及性

传统金融机构在农村地区的网点布局相对有限，部分偏远农村地区的居民难以便捷地获得金融服务。随着科技的进步和互联网技术的普及，农村互联网金融服务逐渐打破了传统的地域限制。通过互联网平台，农户和农村企业可以随时随地接入金融服务网络，在线申请贷款、办理保险、进行支付结算等多种金融业务。这种便捷的金融服务方式极大地扩大了金融服务的覆盖范围，提高了金融服务的可及性，使更多农村居民能够享受到现代金融服务带来的便利，进而促进了农村经济的发展和农民生活水平的提高。

2. 降低金融服务成本

互联网金融借助大数据分析、人工智能等先进技术手段，实现了风险评估和业务处理的自动化，显著减少了对人工操作的依赖以及实体网点的建设成本。特别是在农村网络借贷领域，通过大数据技术深入分析借款人的信用历史和还款能力，极大地降低了信息收集和信用评估的成本。这使得农村地区的客户能够享受到更加具有竞争力的贷款利率和更为优惠的服务费用。此外，互联网支付和互联网保险等金融服务也通过线上渠道的推广，简化了传统业务流程，进一步降低了运营成本。这些变革使得农村金融服务变得更加经济实惠，为广大农村居民带来了实实在在的便利和利益。

3. 缓解信息不对称问题

农村地区信息相对封闭，金融机构与农户、农村企业之间存在较为严重的信息不对称问题，这是导致农村金融市场失灵的重要原因之一。农村互联网金融服务平台通过收集和分析大量的用户数据，如交易数据、信用记录、生产经营信息等，建立起全面的用户信用画像，能够更准确地评估借款人的信用风险，有效缓解信息不对称问题。例如，在农业众筹和网络借贷中，平台可以根据农户的历史种植数据、销售记录以及社会信用评价等信息，为其提供合理的融资额度和融资条件，从而提高金融资源配置的效率。

4. 促进金融创新与提供个性化服务

互联网金融的发展激发了农村金融市场的创新活力，催生了一系列符合农村经济特点和需求的金融产品和服务模式。金融机构根据农村不同产业的发展周期和资金需求特点，设计了多样化的贷款产品和融资方案；针对农村居民的消费习惯和保障需求，开发了具有特色的保险产品和理财服务。同时，互联网金融平台能够利用大数据分析技术实现精准营销和个性化服务，根据用户的独特需求和风险偏好，为其推荐合适的金融产品和服务，充分满足了农村客户多元化的金融需求。

（二）农村互联网金融服务的主要模式

1. 网络借贷服务

网络借贷平台为农村地区农户和农村企业提供了便捷的融资渠道。其中，P2P 网贷平台通过构建线上借贷市场，连接资金出借方和借款方，运用大数据分析和信用评估模型对借款人进行信用评级，实现快速高效的借贷撮合。一些专注于农村市场的 P2P 平台，结合农业生产周期和农村经济特点，设计了灵活的贷款产品，如短期的农业生产周转贷款和长期的农村基础设施建设贷款等，以满足农村多样化的融资需求。

此外，农村网络借贷还包括网络小额贷款公司提供的服务。这些小额贷款公司依托互联网技术和大数据资源，深入了解农村客户的信用状况和经营状况，为农户和小微企业提供小额、分散的贷款支持，有效弥补了传统金融机构在农村小额信贷领域的服务不足。

2. 农业众筹服务

农业众筹作为一种新兴的互联网金融服务模式，在农村经济发展中逐渐展现出其独特魅力。在农产品预售众筹方面，农户或农业企业通过众筹平台提前发布农产品种植或养殖计划，向消费者募集资金，消费者则在农产品收获后获得相应的产品回报。这种模式不仅帮助农户解决了生产资金短缺的问题，还实现了农产品的精准销售，降低了市场风险。

项目众筹也是农业众筹的重要形式之一。农业创新项目、农业科技研发项目或农村基础设施建设项目等，可以通过众筹平台吸引社会资本的投入。投资者根据项目的预期收益和发展前景进行投资，为农村项目的启动和实施提供资金支持，同时也分享项目成功后的收益，共同促进农村产业的创新和发展。

3. 互联网支付服务

移动支付在农村地区的迅速普及，极大地改变了农村的支付结算方式。支付宝、微信支付等第三方支付平台，通过与农村商户、电商平台及金融机构的紧密合作，为农村居民提供了便捷、安全的支付服务。在农村电商交易中，农户和消费者可以通过手机扫码或在线支付完成商品交易，避免了传统现金交易的不便和风险。

此外，互联网支付服务还促进了农村公共事业缴费的便捷化。农村居民现在可以通过互联网支付平台轻松缴纳水电费、电话费、有线电视费等费用，无需再到营业厅排队缴费，节省了时间和精力，提高了生活的便利性。

4. 互联网保险服务

农业保险是农村互联网保险服务的重点领域之一。互联网保险平台运用大数据和卫星遥感等技术，对农业生产过程中的自然灾害、病虫害等风险进行实时监测和评估，为农户提供科学合理的保险产品定价和高效便捷的理赔服务。例如，平台会根据不同地区、不同农作物的种植风险，推出差异化的农业保险产品，以提高农业保险的针对性和有效性。

除了农业保险外，农村互联网保险还涵盖农村人身保险、财产保险等领域。针对农村居民的健康保障需求，平台推出了适合农村居民经济状况和医疗保障水平的健康险产品；还为农村小微企业和农户的生产资料、房屋等财产提供了保险保障，有效降低了农村经济活动的风险。

三、互联网金融支持农村经济发展的实践案例与启示

互联网金融为农村经济发展带来了新的机遇与挑战。以下将通过多个实践案例深入探讨互联网金融在农村经济中的作用与影响。

（一）互联网金融支持农村经济发展的实践案例

1. 蚂蚁集团农村金融战略案例剖析

蚂蚁集团作为金融科技领域的重要参与者，其在农村金融战略方面的实践具有典型性。

在农村金融服务模式上，蚂蚁集团构建了多元化的体系。数据化平台合作模式主要面向农村消费者、小型种养殖户、电商及村淘合伙人等群体，通过与当地政府合作积累农户数据，利用大数据分析实现自动化审批，有效降低了成本，缓解了信息不对称问题，显著提升了授信和放款效率。线上和线下熟人相结合的金融模式则针对中小规模经营户、种养殖户和小微企业，借助村淘合伙人及农村信贷员队伍熟悉当地环境的优势，结合线上数据，降低了违约风险。农业产业链金融模式服务于规模较大的新型农业经营主体，与供应链核心企业紧密合作，基于电商平台共享数据，为产业链上的企业和个人提供信贷支持，并确保资金定向使用，有效规避了道德风险。

蚂蚁集团的金融技术体系处于行业领先地位。其自主研发的计算技术基础设施为海量交易提供了稳定、高效的支持，并且通过安全防御系统保障了平台的安全运行。在人工智能领域，蚂蚁集团应用了多项核心技术，实现了机器自动学习和用户画像的精准识别，进而能够提供个性化的金融服务。率先应用的卫星遥感技术结合风控模型，可准确评估农户种植情况和资金需求，实现快速放款。区块链技术在农村金融风险管理中的应用，确保了交易的真实性和安全性，提升了贷款效率。

在借贷合约的激励结构方面，蚂蚁集团与第三方合作，利用数字支付服务获取大量用户信息，并通过先进技术分析农户多维度信息，优化了声誉机制。在担保机制方面，蚂蚁集团引入龙头企业构建供应链金融平台并利用大数据等技术替代静态抵押品，降低了担保要求。监督机制通过农业供应链金融模式下的用款监控和数字平台的动态监测，有效降低了违约风险。在惩罚机制方面，借助平台互联互通，对违约农户在多平台使用权限和信用方面进行限制，增强了约束效果。

从蚂蚁集团的案例可以看出，其通过创新的服务模式、先进的技术体系和优化的借贷合约激励结构，有效缓解了农村金融中的信息不对称问题，提高了金融服务的可获得性和效率，为农村经济发展提供了有力支持。这启示其他金融机构应注重利用科技手段整合各方资源，优化金融服务流程和激励机制，以更好地满足农村经济主体的金融需求。

2. 辽宁省农村互联网金融发展案例分析

辽宁省作为农业大省，在农村互联网金融发展方面既展现出自身特点，也面临着诸多挑战。

在互联网金融的推动下，辽宁省城市金融发展迅速，但农村地区却存在明显差距。农村金融机构类型较为单一，主要以村镇银行和农村信用社为主，营业网点数量少，且贷款额度有限，难以满足农户扩大生产的资金需求，导致农村金融服务的普惠性不足。

农村互联网发展滞后，基础设施薄弱，宽带和电脑普及率较低，农民的互联网意识淡薄，对互联网金融的了解和应用极为有限。同时，农村缺乏完善的信用评价体系和风险保障机制，金融机构难以准确评估农户信用状况，增加了贷款风险，进一步限制了金融服务的供给。

针对这些问题，辽宁省采取了一系列措施。在推广普及农村互联网方面，加大了投入力度，提高了网络基础设施建设水平，同时开展了金融知识和投资理财培训，提升了农民对互联网金融的认知度和接受度。传统金融机构不断加强自身建设，提升网点覆盖率，丰富金融产品种类，吸纳了专业人才，推动了普惠金融项目发展，提升了金融服务质量。在信用体系建设上，金融机构积极为农民建立了个人信用评价资料库，完善了信用评价体系，并基于此构建风险保障机制，保障金融机构和农户的合法权益。此外，积极推广农村电子商务，建立了适合农民的电子支付平台，加强了电子商务宣传和法律法规建设，规范了农村金融市场秩序。

辽宁省的案例表明，农村互联网金融的发展需要全面改善农村的网络环境、金融基础设施和信用体系，传统金融机构应积极适应互联网金融的发展趋势。政府部门要加强引导和监管，通过多方面的协同努力，促进农村互联网金融健康发展，从而推动农村经济的增长。

3. 肥西农村商业银行发展案例研究

肥西农村商业银行在互联网金融背景下的发展具有一定的代表性。其优势在于植根于当地，由农村信用社和农村合作银行改制而来，推出了一系列特色金融产品，如"金农易贷·福农卡"等，为当地农村建设发挥了重要作用。该行网点分布均衡，覆盖范围广，能够有效服务当地群众，因此在乡镇居民中具有较高的认可度。同时，其资产安全性高，具备较强的抗风险能力，相比一些小型贷款公司和网络贷款平台更能保障客户资金安全。然而，肥西农村商业银行也面临一些问题。贷款存在额度限制，放贷要求较高，在互联网金融多渠道贷款竞争的环境下，这可能会影响其盈利水平。此外，金融产品创新不足，仍以传统贷款业务为主，缺乏适应"三农"特点的多样化金融服务模式。在互联网金融时代，其服务的便利性欠佳，移动支付等新兴支付方式尚未普及，与互联网金融的便捷性要求存在较大差距。

面对互联网金融的冲击，肥西农村商业银行积极寻求发展机遇。在金融产品创新方面，该行在延续传统基础业务的同时，积极拓展中间业务和代理业务，推出了如"金农易贷·福农卡"等线上贷款业务，提升了服务效率。通过问卷调查和基层网点宣传等方式，该行深入了解客户需求，为不同地区和客户类型提供定制化服务，如在发达地区推荐理财产品，在欠发达地区提供农村贷款。同时，该行实施平台战略，与电商企业建立合作关系，利用大数据提升信贷业务水平，增强自身竞争力。

肥西农村商业银行的案例为其他农村金融机构提供了借鉴。在互联网金融浪潮中，农村金融机构应充分发挥自身优势，积极应对挑战，通过创新金融产品、优化服务和加强合作等方式，实现自身的转型升级和可持续发展，更好地服务农村经济。

（二）互联网金融支持农村经济发展的案例启示

1. 服务模式创新：精准对接农村金融需求

互联网金融机构与传统农村金融机构应重视提供多元化和个性化的服务。鉴于农村经济主体的多样性，如农户在生产规模上有大小之分，经营类型涵盖种植、养殖、加工等多个领域，消费需求也各有不同；农业企业在产业链中所处位置及资金周转周期也存在差异。因此，应依据这些特点设计专属的金融服务模式。借助互联网技术突破地理局限，扩大服务辐射范围，提升服务的便捷性与可及性，确保金融服务与农村经济主体的需求精准匹配。

2. 技术应用创新：提升金融服务效能与风控水平

金融机构加大对金融科技的投入势在必行。大数据技术能够深度挖掘农户及农业企业的信用与经营信息，精准分析其信用状况和经营状况，有效减少信息不对称问题。人工智能技术则能构建智能风险评估体系，根据客户特征推荐个性化的金融产品。区块链技术可保障金融交易安全、实现全过程追溯。通过这些技术创新，金融机构可以全方位提升金融服务效率、质量及风险管理能力。

3. 借贷合约激励结构优化：强化金融风险防控

新兴互联网金融机构和传统农村金融机构均需完善声誉机制，整合多渠道的农户信息资源，构建科学的信用评价体系，以精准评估农户信用。同时，应创新担保机制，拓展担保物范畴或引入第三方担保，降低农户担保难度。此外，强化监督机制，实现线上线下协同实时监控贷款资金流向。并严格执行惩罚机制，让违约农户承受经济与信用双重损失，以此激发农户还款意愿，降低金融风险。

4. 政府部门引导：筑牢农村金融发展基础与规范市场

政府应加大农村互联网基础设施建设的投入力度，提升农村网络的质量与覆盖率，为互联网金融扎根农村创造基础条件。同时，要加强农村金融市场监管，完善法规体系，规范金融机构的经营行为，防范金融风险。政府应积极引导金融资源流向农村，构建健全的农村信用体系，推动金融资源合理、有序地流入农村经济领域。

5. 金融机构合作协同：共创农村金融繁荣新局面

新兴互联网金融机构与传统农村金融机构应优势互补、协同发展。互联网金融机构可为传统金融机构提供大数据分析及技术支撑；传统金融机构凭借线下网点和客户资源的优势，助力互联网金融业务的推广与服务的延伸。双方应携手共进，共同推动农村金融市场的发展，促进农村经济的繁荣。

6. 持续探索创新：推动农村金融与经济良性互动

深入剖析实践案例，能为互联网金融支持农村经济发展提供宝贵经验。各方应持续探索创新，紧密贴合农村经济发展的动态需求，不断优化金融服务，促进农村金融与经济形成良性互动，推动农村经济可持续发展，进一步完善农村金融体系架构，提升农村金融服务整体水平。

四、互联网金融支持农村经济发展的促进对策

（一）加强人才培养与引进

政府应将培养农村互联网金融复合型人才作为重要任务。一方面，通过农村广播、宣传栏以及新媒体平台等多种渠道，进行广泛的宣传教育，向农

民普及现代农业和互联网金融知识，提升他们对新事物的认知。另一方面，在教育领域，对金融类专业课程进行优化，增加计算机、大数据、人工智能等相关课程内容。例如，在金融专业的课程体系中，安排大数据分析在金融风险评估中的应用、人工智能算法与金融产品创新等课程，让学生掌握前沿科技知识，培养出适应农村互联网金融发展需求的专业人才。同时，政府应出台具有吸引力的优惠政策。提高金融人才的工资福利水平，在住房、子女教育等方面给予保障。比如，为到农村工作的金融人才提供人才公寓，解决其住房问题；在子女入学方面给予政策倾斜。此外，还应积极组织各类技术培训，邀请行业专家开展线上线下相结合的培训课程，提升从业人员的专业技能和服务水平，打造一支高素质的农村互联网金融人才队伍。

（二）完善市场与监管体系建设

健全信用市场和征信系统：设立专门的投诉咨询机构，配备专业人员，确保及时处理金融纠纷。对于违法违规的企业和用户，严格按照法律法规进行处罚，切实保护各方合法权益。创建科学合理的用户信用评级系统，充分利用大数据技术，收集农户的生产经营、消费记录、社交行为等多维度数据，对客户信用进行准确评估，为金融机构提供可靠的信用依据，降低金融服务风险。

强化金融监管体系：加强对互联网金融机构的监管，建立健全监管制度，明确监管标准和流程。对金融机构的业务范围、资金流向、风险管理等方面进行严格监管，防范道德风险。规范业务开展行为，杜绝违规操作和不正当竞争行为，确保互联网金融行业在农村地区健康有序发展。

（三）优化发展环境

加大政策扶持力度：设立专项扶持资金，为互联网金融企业提供创新支持。鼓励企业在农村地区开展特色业务，如农村电商供应链金融服务、农产品期货套期保值服务等，引导互联网金融企业向专业化、创新化方向发展。

加强征信与文化建设：健全农村地区征信体系，规范信用评价标准，完善信用信息采集、整理和应用流程。通过举办金融知识讲座、发放宣传手册等方式，加强诚信文化教育，增强农民的诚信意识。同时，营造良好的金融知识学习氛围，增强农民的金融意识，提高他们的风险防范能力，使农民能够正确认识和使用互联网金融产品。

推进信息化与科技化建设：建立"泛乡村"生活平台，整合社区和商户资源。这个平台不仅具备农产品销售、农资采购等基本功能，还提供生活缴费、医疗预约等便民服务，打造线上线下完整的生态圈，促进农村经济发展。利用"互联网＋金融"模式，整合社会资源，拓宽金融支持渠道。例如，引入社会资本参与农村基础设施建设项目，通过互联网金融平台进行融资，实现信息畅通和资源有效对接。借助"平台＋大数据＋金融"模式，对农村金融需求进行精准分析，优化金融资源配置，为农民提供决策依据和资金支持，推动农村产业升级。

（四）完善金融服务

促进传统金融与互联网融合：推动传统金融机构与互联网的深度融合，简化业务手续。例如，简化农村贷款审批流程，减少不必要的证明材料，提高贷款发放效率。降低准入门槛，让更多符合条件的农民和农村企业能够获得金融服务。实现线上线下业务一体化，为客户提供便捷的金融服务体验。

鼓励金融产品创新：比如，针对农村种植户推出基于农产品产量和市场价格波动的保险金融产品，为种植户提供风险保障。政府给予创新产品补贴和政策扶持，降低金融机构的创新成本和风险。

丰富金融服务内容：增加金融服务种类，提高金融服务额度，满足农村多样化的金融需求。打造功能完善的移动客户端，提供便捷的金融服务渠道。同时，规范服务平台运营，加强安全防护措施，确保客户信息安全和资金安全。

（五）构建风险防范与监管体系

加强风险防控：强化信息技术风险防控，提高网络安全保障能力。采用先进的加密技术、防火墙等手段，有效防止黑客攻击和信息泄露。定期更新软硬件设施，确保系统稳定运行。同时，通过宣传教育、培训等方式，增强农民的风险防范意识，使他们能够识别和防范常见的金融风险。

完善信用管理：加强信用体系建设，完善信用数据库和评价体系。综合评估农户信用状况，将农户的信用状况与金融服务挂钩，对信用良好的农户给予优惠政策，对信用不良的农户进行相应限制，以降低信用风险，维护金融秩序。

健全监管体系：健全农村互联网金融监管体系，将监管权限下放至地方，实行统分结合的监管模式。明确地方政府的监管责任，加强地方政府与金融监管部门的协作。构建监管评估指标体系，对金融机构业务进行有效评估和监督，及时发现并解决问题。保护投资者合法权益，建立纠纷解决机制，开通咨询投诉热线，规范市场秩序。

第四节　数字金融支持农村经济发展

一、农村数字金融的基本分析

数字金融，这一新兴概念正以前所未有的速度重塑着金融行业的格局。它依托先进的信息技术，如大数据、云计算、人工智能、区块链等，对传统金融服务进行深度的数字化改造和创新。数字金融不再局限于传统的物理网点和面对面的交易模式，通过互联网、移动设备等渠道，实现金融服务随时随地可得。

（一）农村经济与数字金融的联系

农村地区是数字金融发展的广阔空间和重要领域，农村经济的特点和需求为数字金融的应用和创新提供了独特的场景。

农村地区拥有丰富的自然资源和农产品资源，但由于信息不对称、市场流通不畅等原因，这些资源的价值往往未能得到充分发挥。数字金融可以通过建立农产品电商平台、供应链金融等模式，实现农产品的线上销售和资金的快速流转，提高农村资源的配置效率。同时，农村居民的金融需求也在不断增长。随着农村经济的发展和农民收入水平的提高，农村居民对储蓄、理财、保险等金融服务的需求日益多样化。数字金融能够根据农村居民的特点和需求，开发出适合他们的金融产品和服务，满足其日益增长的金融需求。

（二）农村数字金融的特征

第一，普惠性。普惠性是农村数字金融的核心理念之一，它强调为广大农村居民和农村企业提供无差别、高效便捷的金融服务。这一服务模式致力于打破金融服务在农村地区的壁垒，确保农村每一个角落的金融服务需求都能得到充分满足。通过提供这种平等、公正的金融服务，农村数字金融让农村居民和企业能够享受到与城市同等质量的金融服务，从而促进农村经济发展，提升农村居民的生活水平。这种普惠性的金融服务，无论在农村偏远地区还是繁华地带，都能得到有效的覆盖和实施，让每一位农村居民和每一个企业都能感受到金融服务的便利和公平。

第二，创新性。首先，农村数字金融不断探索新的业务模式，这些模式更加符合农村经济的特点和需求。例如，基于农业产业链的金融服务，将农业生产、加工、销售等各个环节纳入金融服务的范围，为农民提供全方位、全过程的金融服务。其次，农村数字金融还开发出新的产品和服务，如农村电商金融服务，不仅为农民提供更多的销售渠道，还提供融资、支付、结算等金融服务。这些新的业务模式和产品服务旨在满足农村经济发展的多样化需求，为农村经济注入新的活力。总的来说，农村数字金融的创新性体现在不断探索新的业务模式和产品服务，以更好地满足农村经济发展的多样化需求。这种创新性不仅有助于推动农村经济的发展，也为数字金融行业的发展提供了新的方向和可能性。

第三，风险性。农村地区由于其特殊的地理位置、经济发展水平以及人口结构，信用体系相较于城市地区还不够完善，存在诸多漏洞和不足。同时，金融基础设施在农村地区的建设相对薄弱，数字金融的发展面临着更多的风险挑战。其中，信用风险是最为突出的问题之一。由于农村地区的信用体系不健全，金融机构在开展数字金融业务时面临着更大的信用风险。此外，农村地区的数字金融还面临着操作风险、市场风险、技术风险等多种风险。因此，在农村数字金融的发展过程中，我们需要加强风险管理和防控，确保农村数字金融健康稳定发展。

（三）农村数字金融发展的优势

其一，突破地理限制。农村地区地域广阔，人口分散，传统金融机构的物理网点难以全面覆盖。数字金融凭借互联网和移动技术，使农民无论身处偏远山区还是广袤田野，只要有网络信号，就能随时随地获取金融服务，极大地提高了金融服务的可及性和便捷性。

其二，降低服务成本。传统金融机构在农村设立实体网点需要高额投入，而数字金融以线上运营为主，减少了人力、物力和运营成本。这使得金融机构能够为农村客户提供更具性价比的金融产品和服务，降低了农村居民和企业获取金融服务的门槛。

其三，提供数据驱动的精准服务。通过大数据分析和人工智能算法，数字金融能够深入挖掘农村客户的金融需求和信用状况，为其提供个性化、精准的金融解决方案。例如，根据农户的种植养殖规模、销售数据等信息，为其量身定制信贷额度和还款方案。

其四，促进金融创新。农村数字金融的发展为金融创新提供了广阔的舞台。新的金融产品和服务不断涌现，如农业保险的数字化创新、农村供应链金融的快速发展等，为农村经济注入了新的活力。

二、数字金融对农村经济发展的作用机制

（一）优化农村金融资源配置

数字金融借助大数据、云计算等技术，能够更精准地分析农村金融市场的需求和风险，打破传统金融的地域和信息壁垒，引导金融资源流向农村亟须的领域。在传统金融模式下，农村小微企业和农户由于缺乏抵押物、信用信息不完善等原因，往往难以获得足够的金融支持。而数字金融平台通过收集和分析海量的用户数据，如消费记录、生产经营数据、社交网络信息等，构建多维度的信用评估体系，为那些在传统金融体系下被忽视的农村经济主体提供金融服务。这使得金融资源能够更有效地配置到农村农业生产、农村电商、乡村旅游等产业中，促进农村产业的多元化发展。

例如，蚂蚁金服的网上银行利用其大数据风控技术，为大量农村淘宝商户提供小额贷款，支持他们扩大经营规模、采购商品、升级店铺设施等，从而推动农村电商产业的发展，带动农产品的上行和工业品的下行，促进农村经济的内外循环。

（二）提升农村金融服务效率

数字金融的线上服务模式极大地简化了金融业务流程，降低了交易成本和时间成本。农村居民无需再像过去那样前往县城或乡镇的银行网点办理业务，只需通过手机或电脑等终端设备，即可随时随地完成账户查询、转账汇款、贷款申请等操作。以贷款业务为例，传统银行贷款审批流程繁琐，需要农户提供大量纸质材料，经过多个环节审核，耗时较长，往往无法满足农户的时效性需求。而数字金融平台的贷款申请流程通常较为简洁，农户在线提交申请后，平台利用智能算法快速进行风险评估和审批，部分小额贷款甚至

可以实现秒批，资金迅速到账，大大提高了金融服务的效率，及时满足农村生产经营活动中的资金需求。例如，在农业生产季节性资金需求高峰期，数字金融能够迅速为农户提供资金支持，确保农业生产顺利进行。

（三）促进农村经济主体的金融可得性

对于农村小微企业和农户而言，数字金融提供了更多元化的融资渠道和金融产品选择。除传统银行贷款外，他们还可以通过互联网金融平台、众筹、供应链金融等方式获取资金。在农业产业链上，一些企业利用供应链金融平台，以与上下游农户的交易数据为基础，为农户提供预付款融资或应收账款融资，帮助农户解决生产过程中的资金短缺问题。同时，数字金融的发展也促使金融机构不断创新金融产品，如推出针对农村特色产业的专项贷款、农产品价格保险等，提高农村经济主体对金融服务的可获得性和适用性，提高他们参与市场竞争和发展生产的能力，激发农村经济的内生动力。

三、数字金融支持农村经济发展的实践案例分析

（一）典型地区数字金融支持农村经济发展的模式与成效

在浙江丽水，当地政府与蚂蚁金服合作推出针对"丽水山耕"农产品品牌的金融支持项目。数字金融平台为"丽水山耕"品牌旗下的农业企业和农户提供全产业链的金融服务。在生产环节，根据农户的种植养殖规模、农资采购需求等，提供小额贷款，帮助农户解决生产资金短缺问题；在销售环节，利用电商平台的大数据分析，为农产品的销售提供精准营销和市场推广支持；同时，为农产品的物流配送提供金融支持，确保农产品能够及时、顺畅地送达消费者手中。该项目实施以来，"丽水山耕"品牌的农产品销售额大幅增长，带动当地农业产业升级，农民收入显著提高，成为数字金融助力农村产业发展的成功范例。

四川仁寿县积极探索"数字金融＋农村电商"的发展模式。当地政府加强农村电商基础设施建设，建立多个农村电商服务站，并引入多家数字金融机构为电商企业和农户提供金融服务。金融机构通过对电商企业和农户的交易数据、信用数据等进行分析，为其提供个性化的金融产品和服务，如针对电商企业提供供应链贷款、为农户提供农产品上行贷款等。同时，开展电商培训和金融知识培训，提升农村居民的电商运营能力和金融素养。在这种模

式的推动下，仁寿县的农村电商蓬勃发展，农产品的网络销售额逐年攀升，形成了以电商产业为引领的农村经济发展新动能，促进了农村一二三产业的融合发展。

（二）成功案例的经验总结与启示

从上述案例可以看出，政府在数字金融支持农村经济发展中发挥着重要的引导和推动作用。政府应积极搭建数字金融服务平台，促进金融机构与农村经济主体的有效对接，为数字金融在农村的发展创造良好的政策环境和基础设施条件。如丽水和仁寿县政府通过与金融机构、电商企业等紧密合作，整合各方资源，为数字金融服务农村经济提供了有力的支持。

数字金融机构应注重与农村产业的深度融合，根据农村经济的特点和需求，创新金融服务模式和产品。无论是"丽水山耕"项目中的全产业链金融服务，还是仁寿县的"数字金融＋农村电商"模式，都是金融机构深入了解农村产业需求，利用数字技术推动金融创新的结果，为农村经济发展提供了精准、有效的金融支持。

提升农村居民的数字金融素养和电商能力是数字金融支持农村经济发展的关键。丽水和仁寿县都通过开展培训活动，提升了农村居民对数字金融和电商的认知与应用能力，使他们能够更好地利用数字金融工具和电商平台发展生产、增加收入，激发了农村经济的内生动力，促进了农村经济的可持续发展。

数字金融在农村经济发展中具有巨大的潜力和广阔的前景，但也面临着诸多挑战。通过加强农村数字金融教育与培训、完善监管体系、优化生态环境等策略，并借鉴成功案例的经验，能够充分发挥数字金融对农村经济的支持作用，推动农村经济高质量发展，助力乡村振兴战略的全面实现。未来，应持续关注数字金融在农村的创新应用和发展趋势，不断完善相关政策和措施，促进数字金融与农村经济的深度融合，为农村经济发展注入新的活力。

四、数字金融支持农村经济发展的完善措施

（一）强化农村数字金融知识普及与技能培养

多元主体协同投入：政府、金融机构以及社会组织应形成合力，加大对农村数字金融教育资源的投入力度。联合编写契合农村居民知识结构与实际

需求的数字金融教材及宣传资料，避免使用晦涩难懂的专业术语，采用通俗易懂的语言，结合生动形象的图片、实际案例，深入浅出地阐述数字金融的基本概念、常见产品服务类型、操作流程以及风险防范要点等核心内容。

全方位媒体传播：充分利用农村广播、电视、宣传栏等传统宣传阵地，以及微信公众号、短视频平台等新兴媒体，构建全方位的数字金融知识传播网络。定期发布数字金融知识科普文章、趣味视频等内容，将抽象的金融知识具体化，提高农村居民对数字金融的知晓度，消除信息隔阂。

多样化培训赋能：针对农村干部、农户、农村小微企业主等不同群体，开展形式多样化的培训活动。采用集中授课方式，邀请资深金融专家系统讲解金融理论；进行现场演示，由技术人员手把手指导数字金融产品实操，如手机银行转账、线上贷款申请等；结合线上培训平台，打破时空限制，满足农村居民的个性化学习需求，切实提高他们的数字金融操作熟练度，增强他们的风险防范意识，提升数字金融的接受度与应用能力。

（二）构建健全的农村数字金融监管架构

完善法规顶层设计：立法机关应立足农村数字金融发展特性与现实需求，加速推进金融法律法规的制定与修订工作。明确数字金融机构涉足农村业务的准入门槛、运营规范、监管细则以及法律责任界定，确保农村数字金融业务开展全程有法可依。尤其是针对数字货币等新兴业务在农村的试点推广，要未雨绸缪，提前制定配套监管规则与风险应对预案，筑牢金融风险防线。

加强监管队伍建设：要充实农村基层数字金融监管人员力量，通过多渠道吸纳专业人才，优化队伍结构。同时，加强监管人员专业培训，通过定期组织学习数字金融前沿业务模式、技术原理、风险特征分析，以及开展先进的监管技术方法实操演练，提升监管人员的业务素养与监管水平，打造一支精通数字金融监管的专业队伍。

健全协同监管机制：建立涵盖金融监管部门间、金融监管与地方政府间、金融监管与农业农村等部门间的常态化沟通协作平台，完善协调机制。面对农村数字金融市场复杂多变的风险态势，各方要迅速联动，实现信息共享，凝聚监管合力，维护农村金融市场稳定有序运行。

（三）营造良好农村数字金融生态

加速农村信用体系完善：全面收集农户、农村小微企业的基本信息、生产经营动态、信用交易记录等数据，实现信用信息的精准采集、实时更新与跨部门共享。金融机构依此精准评估农村经济主体的信用状况，提供适配的金融服务并合理定价。同时，建立健全信用评价体系，实施动态监测、分类管理，激励农村经济主体珍视信用，厚植诚信土壤。

优化风险分担机制：政府应运用财政补贴、税收优惠杠杆，撬动保险机构加大农村市场布局力度，开发多样化的农业保险产品，覆盖不同农作物、农业生产环节，拓宽农业保险覆盖面，提高保障水平。设立农业担保基金，为农村小微企业、农户贷款增信，缓释金融机构信贷风险。鼓励金融、保险、担保机构跨界合作，创新"保险＋信贷""担保＋信贷"等复合型金融服务模式，携手共担农村数字金融风险，增强金融机构服务农村经济的信心与动力，为农村数字金融的稳健发展保驾护航。

数字金融支持农村经济发展是一项系统工程，需通过知识普及、监管强化、生态优化等多维度完善措施协同发力，方能破除障碍，让数字金融成为农村经济蓬勃发展的坚实支柱，助力乡村振兴战略稳步实施，推动农村迈向富裕、繁荣的新征程。

五、数字人民币应用背景下的农村经济发展

数字人民币，全称为"中国人民银行数字货币"，是由中国人民银行发行的法定数字货币。它以国家信用为担保，具有无限法偿性，与现行纸币和硬币等值流通。数字人民币支持双离线支付，即在无网络环境下，用户双方可通过数字人民币钱包进行交易。这一特点有助于满足偏远地区和特殊场景的支付需求。数字人民币采用可控匿名设计，用户在使用过程中部分交易无须提供真实身份信息。同时，央行对数字人民币的交易进行监管，确保资金安全。此外，数字人民币具有可编程性，可以加载智能合约等功能。这为金融创新和业务拓展提供了广阔空间。其先进的加密技术和安全体系，也确保了货币的安全性和防伪能力。

（一）数字人民币的应用场景

零售支付：数字人民币在零售支付场景具有广泛的应用前景，可以降低交易成本、提高支付效率。用户可通过数字人民币钱包完成线上线下支付，实现便捷购物。

跨境支付：数字人民币有望打破现有跨境支付体系的壁垒，降低跨境支付成本，提高资金清算效率。这对于我国国际贸易和投资具有重要意义。

公共服务：数字人民币可应用于公共服务领域，如公共交通、医疗教育等。使用数字人民币支付可以提高公共服务效率，降低运营成本。

金融扶贫：数字人民币有助于解决贫困地区金融服务不足的问题，为贫困人群提供便捷、低成本的支付手段，助力金融扶贫工作。

（二）数字人民币的影响

1.数字人民币对农村经济的影响

在数字经济格局下，数字人民币的出现与推行给农村经济的诸多领域带来了变革，尤其在农村金融层面影响深远。

助力金融服务可获得性提升：数字人民币独特的账户松耦合设计，打破了传统银行账户限制，偏远地区居民无需依托常规银行账户体系，就能便捷地开立、使用数字人民币钱包，极大地拓宽了基础金融服务的覆盖范围。在农村金融领域，众多以往被传统金融机构物理网点布局束缚的农村居民，因此得以畅享金融服务便利。

削减金融服务成本：一方面，数字人民币支付、转账绕开了中间银行环节，简化了交易流程，降低了手续费；另一方面，其普及也倒逼农村金融机构加速数字化转型，提高服务效率，有效降低运营成本。

推动普惠金融发展：借助数字人民币，政府在发放惠农补贴、扶贫资金时能够精准直达农民手中，避免了中间环节截留、挪用风险。并且，数字人民币的智能合约功能保障了资金按预定用途流转，资金使用透明度与效率显著提高。

优化支付生态：数字人民币双离线支付特性发挥重要作用，在偏远山区、海岛等信号不佳区域实现了顺畅支付，切实改善了农村支付环境，使农民的日常生活与农业生产交易结算更为便捷。

激发金融产品创新活力：金融机构立足数字人民币特质，深度挖掘农民需求，开发适配型金融产品，诸如基于数字人民币的贷款、保险等，全方位满足农民多元金融需求。

强化金融监管效能：依托数字人民币交易记录，监管部门能够精准掌握农村金融市场动态、风险态势，并及时进行干预、防范风险。智能合约功能筑牢了合规、安全防线，为农村金融的稳健发展保驾护航。数字人民币正全方位重塑农村金融，为农村经济腾飞注入强大动力。

2. 数字人民币对农村金融机构的影响

农村金融机构在接入数字人民币的过程中，面临着技术、人才、科技投入等诸多方面的问题和挑战。其中，金融科技水平和数字化能力是关键因素。随着数字人民币的不断发展，数字金融风险也在不断增加。金融机构需要努力构建与风险相适应的体制机制，加强金融科技能力建设，尽快完善风险防控机制，夯实业务稳健持续发展的根基。数字人民币的发展会实现从流量到数据、从数据到客户价值的转化，对农村金融机构会产生诸多影响。

（1）加速数字化转型进度

数字化转型不仅是金融科技发展的必然要求，更是农村金融机构适应发展、抵御风险的有效途径。数字人民币的发行、流通都依赖于线上，数字人民币的发展会构建金融服务新生态。它不仅需要更新相关设备以适应数字人民币的流通及交易，还要围绕数字人民币的运营特点在运营系统中进行相应的程序完善与更新，对银行数字化程度要求较高。农村金融机构数字化建设工作起步晚，落后于国有和股份制银行。受财力、人力等因素影响，其转型发展相对滞后，数字化产品开发能力、数字化客户管理体系、数字化营销推广能力及数字化渠道建设能力等都需要尽快提升。

（2）创新以账户为基础的运营模式

当前，个人客户银行卡、对公客户账户是银行办理业务的必备要件，客户需要到银行网点申请，提供身份证明，并在银行网点营业时间内办理。数字人民币以数字钱包作为触达用户的媒介，不再依赖于银行账户，客户能够随时随地开立数字人民币钱包进行交易。因此，数字钱包的开立、管理及生态建设将成为推广运用数字人民币的重点。农村金融机构需及时改变观念，尽早投入到数字人民币钱包的开发、建设当中。

（3）重塑现有业务流程

在存、取款方面，传统存取款业务需要客户到银行柜台或通过手机银行操作，而数字人民币可以实现随时随地存取。在贷款业务方面，传统贷款业务需要客户提交纸质申请材料，并经过银行审批流程，而数字人民币可以实现在线申请和快速审批。同时，数字人民币会催生出更多的贷款产品以满足不同客户的需求。

在创新业务方面，当前试点的"数字人民币＋智能合约"可以监督资金专款专用，能广泛应用于财政拨款、融资放款、政府监督、商品交易等场景。资金监管类业务将从以第三方监管对象为主体转变为以智能合约为主体的创新模式。农村金融机构需要加大对存贷款业务流程效率和便捷性的改造提升力度，加大对创新业务的投入和研发力度，拓展新的业务领域。

（4）提高数据治理要求

高质量的数据信息是打造数字生态体系的基础。精准画像、精准营销、精准服务都以数据为前提，需要依托金融科技实现精准捕捉客户需求变化和深度挖掘客户价值潜力，需要加快系统性思维转变和创新性技术应用。当前，农村金融机构的海量数据没有得到有效管理和使用，数据有效性缺乏监督，数据质量参差不齐，综合利用率不高，数据应用较为薄弱，造成了数据资源的浪费。数字人民币对数据治理的要求包括建立全流程管理体系，涵盖数据采集、处理、分析、使用等各个环节；统一数据标准规则，提高数据的准确性和有效性。农村金融机构需要加大力度进行现有数据治理和未来数据规划，根据数据的重要性和敏感程度，将其分为不同的级别，并采取不同的保护措施，确保金融数据和个人隐私的安全。

（5）数字场景建设经营模式需求更加凸显

农村金融机构在支付场景方面处于劣势，智慧场景建设多处于起步阶段。多场景运用能聚集客户流量，实现价值增值，促进存款沉淀，增加贷款投放。在个人业务领域，接入数字人民币钱包功能能够提高获客能力，与传统线下获客模式互为补充。在公司业务领域，数字人民币的零利率和实时结算为拓展信贷、结算等业务带来可能性。在政府业务领域，代发工资、发红包促消费是地方政府推广使用数字人民币的重要内容，可密切政银双方的合作关系，成为资金沉淀和获取优质客户的重要渠道。农村金融机构应以支付场景为重点，不断优化支付流程，提高支付效率和安全性，降低支付成本，为各类客户提供更加便捷、高效、安全的多场景式支付体验，这将是未来的主要经营模式。

（三）数字人民币应用背景下农村经济发展的有效措施

在数字人民币蓬勃发展的浪潮下，农村经济迎来了全新的机遇与挑战。农村金融机构作为推动农村经济前行的关键力量，需要多管齐下，实施一系列行之有效的措施，助力农村经济借数字人民币之势实现跨越式发展。

1. 积极参与数字人民币试点工作

农村金融机构在参与数字人民币试点工作时，应规划明晰、执行有力。

审慎选择接入模式：当前，农村金融机构多采用间联模式或混合模式参与试点。一方面，依托农信银已搭建的完备接入平台，大幅节省时间与人力成本，快速切入试点进程；另一方面，部分机构另辟蹊径，与数字化水平高、技术实力雄厚的银行携手合作，双管齐下，力求全方位契合数字人民币技术要求，确保接入稳定、高效。

扎实建设数字人民币系统：数字人民币系统需按照标准构建，具备高安全性、强扩展性与良好易用性。农村金融机构应遴选实力超群的第三方机构助力系统建设，完工后实现该系统与运营机构、农信银接入平台无缝对接、协同运作，为数字人民币业务的开展筑牢根基。

深入开展培训与宣传活动：对内加强培训，让员工熟练掌握系统操作与维护技能；同时，广泛组织数字人民币推广活动，拓展客户群体。对外加大宣传力度，向客户详尽阐释数字人民币的安全特性、使用流程及多元化应用场景，激发客户使用的热情，提升其主动参与度，营造良好的应用氛围。

全力参与试点实践：为保障试点工作顺利推进，农村金融机构务必制定周密的工作方案和详细的应急预案。要明确试点业务范畴，精细规划并组织测试流程，严谨收集、深入分析试点数据，为后续大规模推广积累宝贵经验，奠定坚实基础。

严密做好风险管控：在接入数字人民币体系时，农村金融机构须制定严格的安全保障预案，强化交易监控，严控风险隐患。要落实信息保密与隐私防护措施，严守法规红线，切实维护客户权益，确保数字人民币运行平稳、安全无虞。

2. 加强数据治理工作

数据治理是农村金融机构提升运营效能、防控风险的关键环节。

精心制定数据治理策略：面对海量数据，需精准甄别优先级，锚定治理目标与原则，搭建适配的组织架构，明确职责分工，确保数据治理工作有的放矢、有条不紊。

精细制定数据标准规范：统一的数据采集、处理、分析与使用标准是数据有序流转、高效利用的基石。要清晰界定数据定义、分类、业务与技术属性以及标准代码，细化各主题数据标准，持续推动其落地执行，保障数据的一致性与可用性。

构建数据质量评估监控机制：建立年度数据评估与规划体系，明确评估流程与结果应用路径，全面覆盖数据治理的全生命周期。要对标找差，精准识别数据短板，构建责任明确的考核机制，压实各方责任，强化治理成效。

3. 加快数字化转型步伐

谋定数字化转型战略：明确转型目标与愿景，全方位规划业务、技术、组织架构等方面的实施蓝图。组建数字化转型领导小组与办公室，厘定权责边界，配套科学指标与评估体系，引领转型方向，保障落地成效。

筑牢数字化基础设施：精选可靠的技术伙伴，引入先进的技术架构与设备，强化网络、数据中心、云计算平台等基础设施的布局，为数字化转型提供坚实支撑。

提升数据分析应用能力：立足客户资源与数据积淀，构建客户信息数据库，搭建信息共享平台，汇聚贯通各系统数据。研发算法与分析模型，深度挖掘客户需求，创新金融产品与服务，精准对接农村经济的多元化需求。

夯实信息安全防线：运用前沿的信息安全技术，制定完备的管理制度，构建监控与应急机制，全方位守护客户的信息安全与隐私，为数字化转型营造可信的环境。

持续优化转型工作：定期复盘数字化转型成效，广泛吸纳客户反馈建议，动态优化调整，灵活适应市场与客户需求的变化，保障转型持续推进、行稳致远。

4. 持续优化业务流程

随着数字人民币的推广，农村金融机构业务流程优化迫在眉睫。

大力推广数字化产品服务：加速现有产品的线上化、数字化转型，通过网上银行、手机银行等多元化渠道，广泛开展线上营销，为客户提供便捷、高效的服务体验，拓宽服务触达边界。

深度优化业务流程：借数字化东风，推动业务流程的自动化、智能化、数字化升级，精简冗余环节，提升办理效率；强化线上交叉验证，确保业务精准、安全，全面提升客户满意度。

强化产品服务创新力度：紧跟数字人民币与区块链、供应链金融的融合趋势，农村金融机构应勇立潮头，搭建数字钱包生态体系，探索"数字人民币＋智能合约""数字人民币＋应用场景"等前沿领域的创新应用，以创新驱动乡村振兴发展新引擎。

5. 加快应用场景布局与建设

数字人民币为农村金融机构的场景拓展带来了新机遇。

深耕 G 端（政府端）场景建设：聚焦产业政策兑现、奖补资金发放、消费补贴促进等领域，打通数字人民币在财政专户、企业对公钱包与个人钱包之间的流动通道，精心打造"金融 + 数智 + 政银协作"的生态场景，赋能政府公共服务数字化转型。

发力 B 端（企业端）场景构建：将数字人民币企业级支付嵌入企业采购、结算、薪酬发放的全流程，塑造"金融 + 数智 + 乡村振兴"的生态场景，助力企业降本增效，激发农村产业发展活力。

精耕 C 端（消费者端）场景拓展：围绕民生关键领域，如衣食住行、教育娱乐、就医缴费等，尤其是农畜产品购销、惠农补贴发放等环节，聚焦农贸市场、学校、医院、物业等民生场景，借助金融科技之力优化服务，营造"金融 + 数智 + 生活服务"的生态场景，提升百姓生活品质。

6. 加快智慧网点转型速度

在当前数字人民币快速发展的背景下，其对金融业态的影响深远，农村金融机构尤其面临巨大挑战，网点转型刻不容缓。

线下渠道需进行网点智能化改造。简化业务流程，去除冗余环节，确保服务高效流畅。应根据客流量和业务类型，合理配置自助存取款机、智能柜员机等设备，实现业务处理的标准化和集约化，提升服务效率，节省客户时间，改善线下服务体验。

线上渠道的核心在于提升便捷性和用户体验。手机银行、直销银行等服务平台需优化性能，确保响应快速和界面友好；加强运营维护，保障服务连续性；快速迭代升级，满足客户需求。这将有效提高客户对线上服务的使用频率和黏性。

线下线上渠道的并行发展可以打破渠道界限，实现深度融合，全面满足客户需求，应对数字人民币时代的挑战，推动农村金融服务迈入新阶段。

7. 加大科技投入与人才储备力度

在数字化时代，科技与人才成为农村金融机构把握数字人民币机遇的两大支柱。

　　为了紧跟金融行业的发展步伐，农村金融机构需要持续加大金融科技的投入，增加研发经费，夯实发展基础。这不仅包括硬件设施的更新换代，也涵盖软件系统的优化升级，确保技术的先进性和系统的稳定性。

　　强化人才培育是提升农村金融机构核心竞争力的关键。机构应聚焦关键岗位，通过多维激励措施吸引和留住那些既具备科技知识又熟悉金融业务的复合型人才。这些人才能够有效提升系统搭建、推动数字化转型与产品研发的能力，为农村金融机构的创新发展提供源源不断的动力。同时，内部员工的培训也不容忽视。通过培育员工的互联网思维，使其精通金融产品与服务渠道，员工能够精准响应客户需求，对内有效反馈问题，对外则能有效推介机构的服务和产品。全方位激活农村金融机构的发展动能，不仅能够提升服务效率和质量，还能为农村经济的腾飞注入强大动力，推动农村金融市场的繁荣与进步。

第六章　金融支持下的农村经济贸易转型发展研究

在金融支持的背景下，农村经济贸易迎来转型发展的新机遇。本章将探讨农村经济贸易转型的有效措施，分析农村跨境电商发展面临的挑战及实现路径，研究农村循环经济与国际贸易的可持续发展，以及新质生产力如何推动农村经济发展国际贸易。通过阅读本章，读者将全面了解金融支持下的农村经济贸易转型发展前景。

第一节　农村经济贸易转型及其有效措施

一、农村经济贸易转型的必要性

在新时期的经济浪潮中，农村经济贸易转型已成为农村发展的核心主题。这一转型涉及农村自然资源、生产资源等多方面的深度调整与重新配置，旨在全面提升资源利用效率，挖掘潜在发展能量，从而实现经济贸易发展模式的根本性转变。

长期以来，农业在农村经济中占据主导地位，但随着城镇化与工业化的加速推进，农村经济贸易格局发生了显著变化。"去农业化"现象日益凸显，农业在农村经济贸易中的比重逐渐下降，与之相关的产业发展也趋于衰弱。许多农村地区为追求经济快速增长，纷纷投身城镇化和工业化进程，导致非农业产业在经济发展中的作用远超农业产业，传统的农业主导模式被打破，经济贸易结构发生重大改变，农业产业逐渐边缘化。

然而，这种转型是一把双刃剑。一方面，它丰富了农村经济发展结构，为农民提供了新的收入渠道，在一定程度上促进了农民增收；另一方面，农业作为国家经济的基石，其地位的过度削弱可能引发一系列问题，如农业生产动力不足、农产品供应稳定性受到威胁等，甚至可能影响社会的稳定发展。

此外，农村经济贸易转型还面临着政策实施、劳动力结构以及基础设施建设等多方面的挑战。在政策执行过程中，部分项目缺乏科学性和长效性，导致农民参与度不高；农村劳动力虽数量庞大，但受教育程度较低，难以适应产业升级的需求，且存在人才外流现象；交通、文化等基础设施的不完善，也严重制约了农村经济贸易的转型进程。

二、农村经济贸易转型面临的困境

（一）政策实施的短板

尽管国家出台了一系列促进农村经济发展的政策，如精准扶贫政策成效显著，但在实施环节仍存在诸多不足。部分帮扶项目过于注重短期效益，在项目选择上缺乏科学性与长远规划。由于农村经济以养殖业和种植业为主，结构相对单一，受自然因素影响较大，因此短期且不合理的项目难以实现可持续发展，易造成帮扶资金的浪费。在政策执行过程中，农民多处于被动接受状态，其主体地位未得到充分体现，积极性与创造性难以有效激发，这不利于农村经济贸易的长效转型。

（二）"去农业化"现象的双重影响

"去农业化"现象在农村经济贸易转型的进程中显得尤为明显。随着城镇化和工业化的迅猛发展，农村经济结构经历了显著的转变，农业产业在经济中的比重持续下降，逐渐被边缘化。从积极的角度看，这种变化促使农村经济发展模式走向多元化，为农民开辟了非农业的增收途径，有效地提高了部分农民的收入水平。然而，从宏观的角度看，农业作为国家的根基，其地位的动摇可能对粮食安全与社会稳定构成威胁。农业对农村土地的控制力减弱，这将影响农产品的稳定供应，进而可能对社会的基本生活保障产生一系列连锁反应。

（三）劳动力结构与经济结构的矛盾

我国农村劳动力资源丰富，但发展面临重重困境。一方面，农村劳动力受教育程度普遍偏低，以初中或高中学历为主，这严重制约了其向非农业领域转移就业的能力，难以满足现代产业对高素质劳动力的需求。另一方面，劳动力结构与产业结构严重失衡。随着农村第二、三产业的迅速发展，第二产业在经济总量中的占比最大，但从事第一产业的劳动力仍占多数，导致劳动力资源错配。此外，优质人才大量外流，城市的就业与发展机遇吸引农村高学历劳动力，进一步加剧了农村人才短缺的状况，阻碍了农村经济的转型升级。

（四）基础设施建设的瓶颈

在当前的经济贸易转型过程中，农村基础设施建设的滞后已成为明显的阻碍因素。特别是在交通领域，尽管近年来各级政府加大了对基础设施建设的投入力度，在一定程度上实现了村村通的目标，但是"最后一公里"问题依然存在，导致道路通达农户的比例仍然不高。这种状况不仅降低了农产品的运输效率，也对吸引外部投资构成阻碍，从而严重地制约了农村经济的外向型发展。此外，在公共文化设施方面，农村地区普遍面临着设施数量少、面积狭小、建成年代久远的问题。由于文化娱乐活动的匮乏，农民的精神文化需求难以得到满足，这种情况进一步削弱了农村经济贸易转型的软实力，使得农村地区在文化层面的吸引力和竞争力不足。

三、农村经济贸易转型的动力机制

（一）内生动力：农民对美好生活的追求

农民对美好生活的热切向往，构成农村经济贸易转型的内在核心动力。在社会转型的关键时期，"中国梦"的倡导极大地激发了农民的积极性与创造力，坚定了他们追求美好生活的决心。过去，农村劳动力存在过剩与短缺并存的突出矛盾，机械化发展虽减少了农业人力投入，但外出务工导致农村劳动力结构失衡，进而致使农业生产效益低下。随着农民对生活品质提升渴望的不断增强，他们积极主动克服发展障碍，充分利用国家政策红利，自主探索转型路径，成为推动农村经济贸易转型的关键力量。

（二）外生动力：政策与市场的双重驱动

国家积极的开放政策为农村经济贸易转型提供了坚实的制度保障。21世纪以来，党和国家高度重视农村发展，构建了日益完善的治理体系与政策框架，其中精准扶贫政策成效显著。国家精准定位贫困地区与家庭的实际需求，实施差异化帮扶，成功帮助大量贫困人口脱贫，推动农村经济向市场化、多元化转型。

市场需求的动态变化也是重要的外生动力。随着经济发展与居民生活水平的提高，市场需求从基本生存需求向更高层次的生活与精神需求转变。这促使农村地区积极拓展对外贸易、发展乡村旅游等新兴产业，以适应市场竞争，实现经济贸易的转型升级。

四、农村经济贸易转型的有效策略

（一）强化思想引领

基层干部与工作人员作为农村经济贸易转型的推动者，强化其思想意识至关重要。应通过系统的思想教育与宣传活动，纠正部分干部对转型工作的错误认知，使其深刻认识到转型工作的重要性与紧迫性，增强主动作为的责任意识。同时，积极组织干部深入学习各级政府的农村发展政策，并结合本地实际开展全面调研，制定科学合理、切实可行的发展规划，确保转型工作扎实推进。

农民作为农村发展的主体，其思想观念的转变是转型成功的关键。应摒弃传统的"输血式"发展模式，积极引导农民树立自主发展意识，激发其主人翁精神。在项目实施过程中，充分尊重农民的意愿，让农民全程参与决策与执行，使其切实感受到经济贸易发展与自身利益的紧密相连，从而实现从被动参与到主动作为的转变，营造全民积极投身农村建设的良好氛围。

各级政府应加大农村经济贸易转型政策的宣传力度，充分发挥基层党组织与扶贫干部的作用，确保政策精神深入人心。通过多样化的宣传渠道与方式，如举办政策宣讲会、发放宣传资料、开展入户讲解等，可以确保政策信息覆盖到每一个农村角落与每一户家庭，消除信息不对称，为转型工作的顺利开展奠定坚实的群众基础。

（二）构建长效发展机制

针对农村贫困与经济落后地区，应立足当地自然资源优势，发展特色农业产业。政府需组织专业力量，深入分析当地的自然环境、土壤条件、气候特点等因素，精准确定适宜的产业项目。在此基础上，积极引入先进的生产技术与资金，优化农业产业结构，推动传统农业向现代化、特色化方向转变，实现产业升级与农民增收的良性互动。

同时，积极融合数字化、互联网与高科技等新兴产业元素，为农村经济发展注入新活力。运用数字化经济思维，构建农村产业协同发展机制，制定区域一体化发展规划，加强产学研合作，促进科技成果转化应用。借助平台经济思维，打破传统产业壁垒，优化产业布局，提升农村产业竞争力。坚定不移地走科技创新驱动之路，将科技兴农政策落到实处，推动农村经济实现跨越式发展。

（三）优化劳动力利用与经济结构

政府应充分利用新媒体平台，广泛宣传农村创业优惠政策、丰富的资源优势以及良好的发展前景，吸引农民工与大学生返乡创业。针对农民创业特点，联合电商企业搭建创业孵化平台，提供全方位的创业服务，重点扶持第三产业发展，以此优化农村经济结构。大学生凭借专业知识与先进经验，能够为农村经济贸易转型带来新思维与新技术，成为推动农村创新发展的重要力量。

同时，政府应加大对农村职业教育与培训的财政投入，减轻贫困学生的经济负担，确保更多学生能够接受职业教育。优化职业教育专业设置，紧密结合农村经济发展需求，深入开展市场调研，避免专业设置与实际需求脱节。以培养新型职业农民为目标，完善农民职业培训体系，针对农村剩余劳动力转移与农业生产经营知识需求，制定个性化培训方案，注重实践教学环节，提升农民的劳动技能与综合素质，为农村经济贸易转型提供坚实的人才支撑。

（四）完善基础设施建设

政府应发挥主导作用，引导社会多元主体参与农村网络基础设施建设。根据农村地区的实际情况与发展需求，制定精准、专业的建设规划，合理配置资源。协同各大运营商，构建覆盖农村的高速通信网络，在网络容量扩充、速率提升、软件升级、系统维护以及应用拓展等方面加大投入力度，切实满足农村电商发展、信息传播与数字化生活的网络需求，推动农村经济融入数字经济时代。

持续推进农村交通建设，进一步完善道路网络，提升道路通达率与质量标准。逐步实现从村村通到户户通的跨越，确保农产品运输畅通无阻，外部投资顺利进入。建立健全道路养护管理机制，明确养护责任主体，增强农民的道路保护意识，加强道路的科学保养与维护，延长道路使用寿命，实现交通基础设施的可持续发展，为农村经济贸易转型提供有力的交通保障。

农村经济贸易转型是一项系统而艰巨的任务，需要全面认识转型过程中的问题与挑战，充分挖掘内生与外生动力，精准施策。从思想建设、机制构建、劳动力优化与基础设施完善等多个维度协同推进，才能实现农村经济贸易的可持续发展，促进城乡经济社会的协调发展，助力乡村振兴战略目标的实现。

第二节　农村跨境电商发展的挑战与实现路径

一、农村跨境电商发展面临的挑战

品牌市场价值相对较低：我国农产品在跨境贸易中品牌价值处于劣势。一方面，庞大的国内需求使我国长期为农产品进口大国，国际知名品牌稀缺，在国际市场定价和竞争中常处于被动地位。例如，在国际市场上，我国农产品难以像部分发达国家品牌那样获得高额利润与市场份额。另一方面，农产品质量标准与国际接轨存在困难。出口农产品需满足如欧盟、美国、日本等国家和地区的严格标准，而我国分散的小农户生产模式在农药残留、生产效率等方面问题突出，难以达到这些标准。此外，农产品跨境电商营销手段落后，处于起步阶段，宣传推广方式单一，无法有效提升品牌知名度与影响力，从而限制了市场拓展。

基础设施比较落后：农村信息化建设滞后，网络覆盖不全且信号不稳定，制约了跨境电商活动。许多偏远农村地区的网络信号差，影响了电商平台的使用与信息传递，阻碍了业务的开展。农村金融资源配置失衡，融资模式单一、竞争力弱、风险控制能力差，受金融抑制影响，从业者难以获得信贷支持，限制产业规模扩大。同时，疫情下港口效率降低、海运费攀升，冷链运输能力不足，增加了物流成本，影响了农产品运输的时效性与品质，削弱了产品的竞争力，给农村跨境电商带来了沉重负担。

区域发展不平衡：我国区域经济差异显著影响了农村跨境电商。东部地区凭借良好的经济基础与城乡一体化优势，成为跨境电商的主要阵地，其贸易额与活跃店家数量占比较高。如 2019—2020 年，东部省份农产品跨境电商贸易额远超中西部地区。而西部地区受地理条件、产业基础与流通成本的制约，跨境电商活动较少。不过，中西部地区贸易潜力巨大，若能突破现有瓶颈，有望成为新的增长点。当前的不平衡现状亟待改善。

人才匮乏困境：跨境电商人才的短缺严重阻碍了农村跨境电商的发展。该行业所需的人才需兼具国际贸易、电商、营销、物流及大数据处理等多领域知识与技能。但农村工作环境与公共服务设施较差，难以吸引和留住人才。高校培养的相关人才理论与实践脱节，实践能力不足，无法满足实际业务需求。同时，农村缺乏专业人才培养机构与完善的人才引进政策，导致人才供给缺口持续扩大，影响了产业创新与运营效率的提升。

产品质量和标准化难题：农村以小农户生产为主，标准化意识淡薄，重产量轻质量，生产随意性大。检测设备与技术落后，质监标准信息更新滞后，无法保障农产品质量的稳定。在物流环节中，生鲜农产品易受损变质。虽冷链物流技术可改善，但目前农村冷链建设不足，缺乏信息化管理，导致农产品损耗大、品质难以保证，降低了消费者满意度，影响了跨境电商的发展。

品牌价值链提升艰难：初级农产品易仿制、难区分，附加值低。我国在农产品标准化与质量控制方面存在不足，进一步限制了附加值的提升。部分农业品牌价值提炼欠缺，特色不鲜明且辨识度低，难以在市场立足。传统销售渠道占据主导地位，导致农产品品牌营销缺失，无法有效传播品牌价值，难以满足消费者对品牌农产品的需求，制约了农村跨境电商向高端化方向发展。

二、农村跨境电商发展的案例与启示

（一）农村跨境电商的案例

1. 黑龙江省寒地黑土农产品跨境电商发展

黑龙江省作为农业大省，其农村跨境电商的发展极具代表性。在现状方面，依托丰富的寒地黑土资源，大米、大豆、亚麻、土豆等农产品成为跨境电商的主要销售品类。随着中俄跨境贸易的增长，农产品跨境电商交易规模逐步扩大。其特色在于拥有独特的寒地农业产业基础，农产品在品质上具有一定优势。在跨境电商发展过程中，部分地区已初步形成一定的产业集聚效应，如一些农产品加工企业与电商平台的合作日益紧密。

（1）黑龙江省农村跨境电商发展存在的问题

在基础设施方面，与沿海发达地区相比，黑龙江跨境电商基础设施规模较小。物流行业发展滞后，陆海空综合协调运作能力欠佳，导致商品运输速度缓慢，物流成本高昂。这极大地限制了农产品跨境运输的效率与效益，使得许多优质农产品难以快速、低成本地送达国际市场，削弱了黑龙江省农产品在国际市场上的竞争力。

黑龙江省农产品种类繁多，但质量参差不齐，缺乏统一且科学的质量评价监管体系。在出口时，以原材料和初级产品为主，高附加值的创新产品与精加工农产品占比较低。同时，存在产品质量认证标准不统一、商品标签不规范、包装标准不一致等问题。农产品出口标准化缺失严重阻碍了跨境电商对农产品出口产业的推动作用，使得黑龙江省农产品在国际市场上难以形成统一且优质的品牌形象，无法满足国际市场对农产品标准化、规范化的要求。

随着跨境电商产业对专业人才需求的日益增长，黑龙江省在这方面却存在较大缺口。精通俄语和进出口贸易的复合型电商人才稀缺，高校专业设置与人才培养模式尚未充分适应产业需求。多数高校未充分考虑电商人才的特殊要求，虽有少数高校设置了商务俄语专业，但师资队伍与课程体系建设仍不完善，难以培养出符合市场需求的高素质专业人才。这导致农村跨境电商企业在运营、市场拓展、客户服务等方面面临人才短缺的困境。

（2）黑龙江省农村跨境电商发展的针对性措施

在基础设施建设方面，应加大对农村交通设施建设的投入，扩大交通网络覆盖范围，提升出口农产品物流运输的便捷性。政府应积极与互联网及电商巨头合作，加速农村通信网络升级，提高 4G 网络覆盖率与使用率。同时，结合农户需求以及俄罗斯等出口市场的需求，打造具有区域特色的农产品跨境电商服务平台，并完善相关信息管理平台。此外，应优化电子商务产业结构，建立电商农产品物流配送集散地，引导乡镇政府与快递龙头企业加强合作，借助规模效应与专业化物流服务降低运输成本，提高物流效率。

黑龙江省应借鉴发达地区经验并参考国际标准，结合本地农业实际情况，制定统一的农产品质量标准，打造黑龙江优质农产品品牌。应加大对跨境电商品牌化意识的宣传力度，鼓励农民积极参与农产品研发与标准制定过程，加强知识产权保护。在品牌标准制定过程中，实现产前、产中、产后全流程覆盖，要求农户严格按照标准生产，并成立监管机构对农产品加工、销售等环节进行全程跟踪管控。应积极推动农产品在电商平台上进行特色化、标准化、品牌化竞争，加强与知名电商平台合作，实现农村电商产品整体品质提升与市场拓展。

加强俄语电商复合型创新人才培养是提升黑龙江省农村跨境电商发展水平的关键环节。高校应依据农村电商企业人才需求，构建与产业对接的创新型课程体系，完善人才孵化机制，建立适应跨境电商发展需求的校企合作培养模式。课程体系应涵盖农业技术经济、农产品加工、管理学、市场营销、金融学等多领域知识，并加强农村电商创业指导服务，定期开展知识技能下乡活动，为农村电商产业发展提供坚实的人才支撑与智力保障。应培养出既懂农业又精通电商与俄语的复合型专业人才，以满足产业发展对人才的迫切需求。

2. 河北省乐亭县跨境电商品牌的塑造实践

河北省乐亭县在精准扶贫战略背景下，积极开展农村跨境电商品牌培育工作。目前，乐亭县农村跨境电商已取得一定进展，众多农户和小型企业参与其中，农产品和特色工艺品成为主要出口商品。其特色在于注重挖掘本地特色产品，像当地的果蔬、手工艺品等，这些产品具有鲜明的地域文化特色。在品牌培育方面，虽然一些企业开始尝试打造品牌，但整体仍处于起步阶段。

（1）河北省乐亭县跨境电商品牌存在的问题

产品自身缺乏标准，农户和小型企业直接面向消费者时，在生产、流通环节出现诸多问题，影响客户体验和品牌形象。在品牌建设方面，虽然品牌数量较多，但知名品牌较少，企业品牌意识淡薄，产品精细化、标准化程度低。在人才方面，跨境电商从业人员普遍学历较低，专业匹配度差，缺乏系统的电商知识和专业培训。此外，宣传手段单一，主要依靠传统宣传方式，对现代科技和自媒体利用不足，导致产品知名度和品牌影响力有限。

（2）河北省乐亭县跨境电商品牌的塑造措施

在标准化改进方面，应制定严格的产品生产、包装、运输等标准，加强人员培训，引入程序化检查机制，提高产品标准化程度。在品牌打造方面，应深入挖掘品牌核心价值，结合当地产业优势和市场需求，突出产品特色和文化内涵，树立独特的品牌形象。在品牌推广上，应充分利用自媒体平台和国外社交平台，开展多样化宣传活动，培育本土"网红推销员"，通过直播带货等形式提升品牌知名度。在品牌维护方面，政府应加强监管，企业应建立售后服务体系，及时收集客户反馈，调整产品和品牌策略。在人才吸引方面，应从物质和精神层面提供保障，解决人才生活问题，尊重人才意愿，举办民俗活动，增强人才归属感；同时应注重人岗匹配，提高人才工作积极性和企业用人效率。

3. 广西农村跨境电商的崛起

广西农产品资源丰富，产量位居全国前列，且借助中国—东盟信息港等现代信息平台，与周边国家的农业经济联系密切。近年来，广西农村互联网及电商普及率不断创新高，北流市、平乐县、藤县、合浦县入选 2023 年商务部公布的首批全国县域商业"领跑县"名单。2022 年，广西 10 个生鲜产业带农产品在淘系电商平台销量领先，玉林百香果、梧州六堡茶、北海鱿鱼干等占据全国同类农产品网络销售额榜首。同时，广西已经建成覆盖县、乡、村三级的物流配送体系和电子商务公共服务体系，为农村跨境电商人才培养提供了良好的产业环境基础。

在农村跨境电商人才现状方面，广西面临着人才数量难以满足需求、知识储备与实际需求存在较大差距以及高端人才匮乏等问题。广西农村跨境电商人才主要来源于高校毕业生和留守人员，但由于大城市的吸引力，返乡毕业生较少，而留守人员大多缺乏独立运营和管理跨境电商业务的能力。绝大多数高校没有专门培养农村跨境电商人才的专业，现有从业者在对外贸易谈判能力和对"三农"产业链的了解程度上存在不足，且高校与乡村联系不够紧密，难以满足农村跨境电商对人才的需求。针对这些问题，广西在农村跨境电商人才培养方面采取了多项措施。在政府层面，积极发挥引领作用。引导构建和优化国内外信息咨询平台，汇集各行业信息，为从业者和在校学生提供决策依据，改善信息不对称状况。同时，优化农村跨境电商产业链相关平台和体系，如信息交互平台、交易平台、仓储物流体系等，降低运营成本，吸引更多社会资源进入该领域。此外，还构建了一系列人才培养平台，如初创和小微企业孵化基地、产学研一体化平台等，并通过政策手段促进产学研融合，引导高校毕业生到县域及以下经济体就业，优化帮扶政策，吸引企业和人才下沉到基层。

此外，广西还注重通过多方协作来培养人才。地方院校之间整合资源，打造高校专业联盟，共建实践教学基地，提升学生的实践能力。同时，加强县市及以下区域的宣传推广和合作交流，吸引人才留在当地发展。高校与地方政府或集体经济组织合作建立跨境电商产业园、运营中心等，促进产学研育人体系的完善。

4. 山东省农村跨境电商的发展

山东省产业基础雄厚，是中国唯一涵盖 41 个工业大类的省份，其制造业在全球具有较强竞争力。例如，滨州市的中裕面粉食品企业拥有完整且较长的小麦产业链，通过三产融合带动周边市县农户增收。同时，山东省人口基数庞大，常住人口和户籍人口均过亿，市场规模大、消费潜力强，这为农村跨境电商发展提供了坚实的产业与市场支撑。

山东省农村跨境电商发展存在的问题包括以下几个方面。①在平台方面，已建平台缺乏有效整合，规模不统一，综合能力较弱，优质平台稀缺。②在推广宣传方面，试点数量少于浙江、广东等省，政策实施尚处于试行和修改阶段。③高校相关专业规模较小，人才培养滞后，与杭州的相关研究院相比，欠缺规划。④宣传运营不到位导致农产品知名度低、品牌化程度低，与外商联系少，商户对平台及政策理解不足，且缺乏核心技术和独立品牌。⑤在物流方面，村落分散导致配送成本高、难度大，交通影响运输，基站覆盖率低。寿光蔬菜运输过程中凸显出物流设备和管理方面的不足，售后退换货受限且商家成本高。⑥在人才方面，需求大但缺口持续扩大，高校专业少，课程与实际需求契合度低，师生缺经验，企业招人难，培养成本高、流动性大。部分企业培训积极性低。

为推动山东省农村跨境电商发展，可采取以下策略。①政府应协同打造山东特色乡村跨境电商模式，指导现有平台转型，培育认定相关企业和园区，支持优势平台申报示范企业，鼓励企业参与乡村建设。例如，推进青岛市农村跨境电子商务综合试验区建设，打造农产品跨境电商产业园，吸引企业入驻。同时，适时调整扶持政策，促进电商项目落地，保障通关和销售顺畅，吸引外资投入，建立融资新模式。农产品经营者应加强与各大平台的合作。②在人才培养上，建立政府、企业、高校三位一体的跨境电商外语人才培训体系。政府引导并设立专项基金，支持建设人才实训基地。高校创新教育模式，企业参与校企合作，夯实师资力量，培养外语人才，鼓励他们回乡就业、创业，以语言优势助力农村跨境电商发展。③此外，要打造有影响力的跨境电商服务平台。政府应整合产业集群优势，加快国家级综试区建设，扩大相关产品出口规模，打造开放平台、服务中心及创业中心，为返乡人员提供培训。推广新型销售模式，开展网络营销活动，树立乡村品牌形象，拓展海外市场。农村跨境电商要明确产品定位，保证产品质量符合标准且契合海外需求，开发新产品，建设物流中转体系，实现双向流通。

（二）农村跨境电商的启示

1.政策支持：农村跨境电商的保障力量

政策支持在农村跨境电商发展中起着不可或缺的保障作用。政府应深入调研，制定精准有效的政策措施。在跨境电商平台建设方面，应给予资金补贴并提供技术指导，助力平台升级与优化；实施税收优惠政策，减轻企业负担，激发企业的创新活力与发展潜力；设立专项扶持资金，用于支持农村电商企业的技术研发、市场拓展等活动；加大对人才培养的投入，建立人才培训基地并完善激励机制，为农村跨境电商的发展营造宽松、有利的政策环境。

2.基础设施建设：农村跨境电商发展的基石

基础设施建设在农村跨境电商发展中具有举足轻重的地位。交通网络的完备程度直接关系到农产品运输的时效性，通信设施的发达程度影响着信息传递的顺畅性，而物流体系的高效运作则是连接农村与国际市场的关键纽带。各地政府应积极作为，加大资金投入与政策扶持力度，全方位提升农村地区的基础设施水平。修建和改善农村道路可以提高物流车辆的通行效率；加强通信基站建设，确保网络信号稳定覆盖，从而为电商交易提供坚实的技术支撑；优化物流配送布局，整合物流资源，降低物流成本，实现农产品运输的快捷与安全，保障其能够按时、保质地抵达国际市场的消费者手中。

3.标准化与品牌建设：农村跨境电商的核心要点

标准化与品牌建设在农村跨境电商中占据核心地位。统一且严格的产品标准是农产品迈向国际市场的通行证，高品质的品牌形象则是吸引消费者的关键因素。各地应立足本地独特的农业资源与文化底蕴，精心制定契合实际的质量标准体系，使其涵盖农产品的生产、加工、包装等各个环节。在品牌培育方面，要深入挖掘农产品背后的故事与文化价值，通过文化赋能提升品牌的辨识度与吸引力。利用线上线下多种渠道，全方位加强品牌推广，如举办农产品文化节、参加国际农业展会、开展网络营销活动等，提升品牌在国际市场的影响力与美誉度。

4. 人才培养：农村跨境电商的关键环节

人才培养无疑是农村跨境电商发展的关键环节。高校、政府和企业需紧密携手，共同构建一套全面、多层次的人才培养体系。高校应主动对接市场需求，优化课程架构，增加跨境电商实践教学课程的比例，引入实际案例与项目，培养学生的实际操作能力与创新思维。政府应发挥政策引导作用，出台具有吸引力的激励政策，如提供住房补贴、创业扶持资金等，以吸引电商人才扎根农村。企业应积极参与人才培养过程，为高校学生提供实习岗位与就业机会，并与高校联合开展定向培养项目，传授行业实践经验与技能，合力培育出既懂农业知识，又具备电商运营能力和国际贸易素养的复合型人才。

5. 产业融合：农村跨境电商的发展趋势

产业融合是农村跨境电商发展的必然趋势。农村跨境电商应深度嵌入本地产业生态，充分挖掘和发挥本地农业、制造业等产业的优势，实现资源的高效整合与协同发展。延伸产业链条，增加农产品的附加值，如发展农产品深加工、开发特色农业旅游项目等，可以推动农村经济向多元化、高端化发展。同时，促进农业与制造业、服务业的深度融合，打造一体化的产业发展模式，提升农村产业的整体竞争力与抗风险能力。

在发展过程中，各地农村跨境电商积累了宝贵的经验，也面临了诸多挑战。总结这些案例所蕴含的经验与启示，我们能够为其他地区提供极具价值的参考，有力推动我国农村跨境电商事业的全面进步，为乡村振兴战略的深入实施注入强大动力。未来，各地应保持敏锐的市场洞察力，持续关注行业动态，勇于创新发展模式，积极应对各类问题，确保农村跨境电商实现可持续、高质量发展，为农村经济的繁荣与振兴奠定坚实基础。

三、农村跨境电商发展的实现路径

（一）顶层规划与城乡协同推进

在农村跨境电商的发展进程中，政府必须积极发挥主导作用，构建一个多元协同的治理体系，加强对各方面工作的统筹协调。这意味着政府要联合各类社会组织、企业以及农户等主体，形成合力，共同推动农村跨境电商的发展。

完善农村网络基础设施是重中之重。在数字化时代，高速稳定的网络如同农村跨境电商的"生命线"。政府应加大投入,通过与各大网络运营商合作,在农村地区广泛铺设光纤网络,提高网络覆盖率和传输速度,确保农村电商从业者能够顺利开展线上交易、直播带货等活动,实现与全球市场的实时对接。

优化区域布局是实现城乡协同发展的关键。政府应根据不同地区的资源禀赋、产业基础和市场需求,对农村跨境电商的发展进行科学布局。鼓励各地因地制宜,发展具有地方特色的跨境电商产业,形成优势互补、协同发展的良好格局。例如,农产品资源丰富的地区可以重点发展农产品跨境电商;具有传统手工艺优势的地区则可以打造特色手工艺品跨境电商品牌。

促进城乡要素流动是推动农村跨境电商产业升级的重要动力。政府应出台一系列优惠政策,吸引城市的资金、技术、人才等要素向农村流动。鼓励城市企业到农村投资建厂,开展农产品加工、包装等业务,提升农产品的附加值;推动城市的电商平台、物流企业等与农村建立合作关系,共享技术和管理经验,提高农村跨境电商的运营水平;同时,为城市人才到农村创业就业提供良好的环境和支持,让他们能够在农村施展才华,为农村跨境电商的发展注入新的活力。

深度调研农村产业是制定科学合理的跨境电商发展规划的前提。政府应组织专业团队,深入农村各地,对当地的产业现状、发展潜力、存在的问题等进行全面、细致的调研。在此基础上,精准对接企业、农户与社会资源,根据地方特色制定出切实可行的跨境电商发展规划。明确短期、中期和长期目标:短期目标是解决农村跨境电商发展中的基础设施瓶颈问题;中期目标是培育一批具有一定规模和竞争力的农村跨境电商企业;长期目标则是实现农村跨境电商产业可持续发展和乡村经济全面振兴。同时,将目标细化为具体的实施步骤,明确每个阶段的工作重点和任务,确保跨境电商与地方经济深度融合发展,为乡村振兴筑牢坚实的根基。

(二)农产品增值与品牌塑造

当前,农村电商存在分散经营、品质参差不齐的问题,这严重制约了农村跨境电商的发展。因此,必须采取有效措施,推动农村电商向规模化、品牌化方向转变。

制定严格的生产标准是保障农产品质量的关键。政府应联合农业专家、企业等主体,针对不同种类的农产品制定详细的生产标准和操作规程,从种植、养殖环节的土壤、水源、饲料等投入品的使用，到加工环节的工艺、卫生标准等，都作出明确规定。同时，加强对农户的培训和指导，确保他们依照标准进行生产，从源头上保障农产品的质量安全。

引入技术指导与质量监督机制是提升农产品品质的重要保障。政府应组织专业技术人员深入农村，为农户提供种植、养殖技术指导，推广先进的农业生产技术和管理经验，提升农产品的产量和质量。建立健全农产品质量监督体系，加强对农产品生产、加工、流通等各个环节的质量检测和监管，对不符合质量标准的农产品坚决予以查处，确保流向市场的农产品都达到高品质的要求。

挖掘地域特色农产品是塑造品牌的基础。我国地域辽阔，各地都拥有丰富的特色农产品资源。政府应组织力量，深入挖掘当地的特色农产品，如稀有水果、特色蔬菜、传统中药材等，将这些具有独特地域优势的农产品作为农村跨境电商的主打产品。同时，注重对农产品背后的地域文化进行挖掘和整理，为品牌赋予丰富的文化内涵，提升品牌的吸引力和竞争力。

精心包装和创新营销是提升品牌知名度和美誉度的重要手段。在包装设计方面，要结合农产品的特点和目标市场的需求，采用新颖、美观、环保的包装材料和设计风格，突出产品的特色和优势，提高产品的附加值。在营销方式方面，要充分利用互联网和新媒体平台，开展多元化的营销活动。例如，通过短视频、直播等形式，向全球消费者展示农产品的种植、养殖和加工过程，讲述农产品背后的故事，增强消费者对产品的信任和认同感；利用社交媒体平台进行精准营销，根据不同国家和地区消费者的兴趣爱好和消费习惯，推送个性化的产品信息，提升营销效果。

借助数字技术，实现生产、加工、销售全链条数字化，是提升农产品品牌价值的有效途径。建立农产品质量追溯系统，利用物联网、区块链等技术，对农产品从田间地头到消费者手中的全过程进行跟踪记录，让消费者能够清楚地了解产品的来源、生产过程、质量检测等信息，增强消费者对农产品质量的信任。同时，利用大数据技术对市场需求进行分析预测，根据市场变化及时调整生产和销售策略，提高农产品的市场适应性和竞争力，推动农村跨境电商从价格竞争向品牌竞争转变。

（三）电商生态体系构建

政府与企业应携手合作，共同完善农村跨境电商的基础设施建设。在信息通信网络方面，加大升级改造力度，实现全域覆盖，不仅要增强农村地区的网络速度和稳定性，还要推动 5G 网络在农村的普及应用，为农村跨境电商的发展提供高速、低延迟的网络环境。这将为直播带货、线上交易等电商活动带来更流畅的体验，也为农村电商企业利用大数据、人工智能等新技术开展精准营销和智能管理创造条件。

优化物流、仓储布局是构建高效电商生态体系的重要环节。政府和企业应共同规划建设一批布局合理、功能完善的物流配送中心和仓储设施。在物流配送方面，要整合现有物流资源，鼓励物流企业通过合作、兼并等方式扩大经营规模，提高物流配送效率，降低物流成本。同时，要加强冷链运输能力建设，针对农产品等易腐商品配备专业的冷链运输车辆和设备，确保商品在运输过程中的质量和安全。在仓储方面，要根据不同地区的产业特点和市场需求，建设不同类型和规模的仓储设施，实现仓储资源的优化配置。

打破数字鸿沟是促进农村跨境电商发展的关键任务之一。政府应加大对农村地区数字教育的投入，通过开设培训课程、开展线上教学等方式，提升农村居民的数字素养和电商操作技能，使他们能够熟练运用互联网和电商平台开展业务。同时，要加强农村电商服务体系建设，为农村电商从业者提供技术支持、咨询服务、法律援助等一站式服务，帮助他们解决电商运营过程中遇到的各类问题，降低创业门槛和运营风险。

畅通农产品流通渠道是构建良好电商生态的核心目标之一。政府和企业应共同努力，消除农产品流通中的各种障碍。一方面，要加强与国内外电商平台的合作，为农村特色农产品渠道搭建更多的销售渠道，提高市场曝光率和销售量；另一方面，要加强农产品供应链建设，通过订单农业、产地直发等模式，实现农产品从田间地头到餐桌的快速、高效流通，减少中间环节，降低流通成本，增加农民收入。

联合各方力量培育电商人才是构建电商生态体系的重要支撑。政府应出台优惠政策，鼓励高校、职校开设跨境电商专业，培养适应农村跨境电商发展需求的专业人才。同时，要加强对现有农村电商从业者的培训，通过举办培训班、讲座等形式，提升他们的业务水平和经营能力。企业应积极参与人才培养，为学生提供实习和就业机会，建立人才储备机制。吸引先进技术以及创新产品与服务也是构建电商生态体系的重要内容。政府和企业应加大对科技创新的投入，鼓励科研机构和企业研发适合农村跨境电商发展的新技术、新产品和新服务，如农产品溯源技术、智能物流配送系统、跨境电商直播设备等，提升农村跨境电商的运营效率和服务质量。

构建政府、企业、平台、农户等多主体共赢的生态链是农村跨境电商可持续发展的必然要求。政府应通过政策引导和资源调配，为企业和农户创造良好的发展环境；企业要发挥市场主体作用，积极拓展市场，提高经济效益；电商平台要提供优质的服务和技术支持，促进交易顺利进行；农户要提升农产品质量，合理增加产量，增加收入。各方要密切合作，实现优势互补、互利共赢。

提升农村公共服务水平是营造良好电商发展软环境的重要举措。政府应加大对农村教育、医疗、文化等公共服务的投入，改善农村居民的生活条件和发展环境。同时，要加强农村法治建设，规范市场秩序，保护知识产权，为农村跨境电商的发展提供良好的法治环境。提升农村公共服务水平可以缩小城乡差距，增强农村跨境电商产业的吸引力和可持续发展能力。

（四）地域特色与运营模式创新探索

立足地方资源与文化，是农村跨境电商创新运营模式的基础和出发点。各地农村应深入挖掘自身独特的自然资源、历史文化和民俗风情等特色元素，并将其与跨境电商有机结合起来，打造具有地域特色的电商品牌和产品。例如，旅游资源丰富的农村地区，可以将乡村旅游与跨境电商相结合，通过线上推广吸引国外游客，同时将当地的特色农产品、手工艺品等作为旅游纪念品进行销售；拥有传统手工艺制作技艺的地区，可以将传统手工艺与现代设计理念相结合，开发出具有时尚感和文化内涵的手工艺品，通过跨境电商平台推向国际市场。

建设 5G 基站是推动农村跨境电商创新发展的重要基础设施保障。5G 技术以其高速率、低延迟、大容量的特点，将为农村跨境电商带来全新的发展机遇。通过建设 5G 基站，农村地区可以实现更流畅的直播带货、更精准的大数据分析、更智能的物流配送等。例如，利用 5G 技术开展高清直播带货活动，让国外消费者更清晰地了解农产品的品质和特点，提高购买转化率；利用 5G 技术实现的智能物流配送系统，可以实时跟踪货物运输状态，提升物流配送效率和服务质量。

融合线上线下渠道，打造农产品全产业链，是实现生产销售精准对接的有效途径。农村跨境电商企业应积极拓展线上销售渠道，在各大跨境电商平台开设旗舰店，展示并销售特色农产品。同时，加强线下体验店的建设，在城市中心、旅游景区等地开设农产品体验店，让消费者亲身体验农产品的品质和特色。通过线上线下的有机融合，实现生产与销售的精准对接，提高农产品的市场适应性和竞争力。

利用互联网与新媒体开展线上营销，是提升农村跨境电商企业核心竞争力的重要手段。农村跨境电商企业应充分利用社交媒体、短视频平台、直播平台等新媒体工具，开展多元化的线上营销活动。例如，制作精美的短视频、图片等内容，在社交媒体平台上进行传播推广，吸引国外消费者的关注和兴趣；利用直播平台开展直播带货，邀请知名主播、网红等进行合作推广，提高产品的知名度和销售量。同时，要注重与消费者的互动和沟通，及时了解消费者的需求和反馈，不断优化产品和服务。

政府引领企业建立联动机制，整合资源，优化配置，是培育产业集群的重要举措。政府应发挥引领作用，组织当地的电商企业、农产品加工企业、物流企业等建立产业联盟或合作组织，实现资源共享、优势互补。通过整合土地、资金、技术、人才等资源，优化资源配置，提高资源利用效率，降低企业运营成本。同时，加强产业集群的基础设施和公共服务平台建设，为企业提供良好的发展环境和服务支持，促进产业集群的形成和发展。

出台税收优惠、示范工程等政策，扶持村级服务站与区域品牌建设，是助力农村跨境电商差异化、特色化发展的重要保障。政府应针对农村跨境电商的特点和需求，出台一系列税收优惠政策，如减免企业所得税、增值税等，以降低企业的经营成本，提高其盈利能力。同时，应开展农村跨境电商示范工程，评选出一批发展较好、具有示范带动作用的农村跨境电商企业和村级服务站，通过树立标杆和榜样，给予一定的奖励和支持，引导更多的企业和服务站向规范化、专业化方向发展。扶持村级服务站建设可以提高农村电商的服务水平，扩大服务覆盖范围；加强区域品牌建设可以提升农村跨境电商的整体品牌形象和市场竞争力，实现差异化、特色化发展，激发乡村经济内生动力。

（五）人才培养体系建设方案

针对农村跨境电商人才短缺的问题，高校与职校应积极优化跨境电商专业教学。首先，需编写实用教材，教材内容需紧密贴合农村跨境电商的实际需求，涵盖农产品知识、跨境电商平台操作、国际市场营销、物流与供应链管理等方面的知识和技能，使学生能够系统掌握农村跨境电商的业务流程和操作方法。其次，要创新教学模式，改变传统的以理论教学为主的教学方式，采用案例教学、项目教学、实践教学等多种方法，让学生在实际操作中学习和掌握知识与技能。例如，可组织学生参与跨境电商项目实践，让他们亲身经历产品选品、店铺运营、客户服务等环节，提高他们的实际操作能力。

强化理论与实践融合是培养高素质农村跨境电商人才的关键。高校和职校需加强与企业的合作，建立校外实习基地和实践教学平台，为学生提供真实的电商场景和实践机会。例如，与农村跨境电商企业合作建立实习基地，让学生到企业中进行实习，参与企业的日常运营和管理工作，将所学的理论知识应用于实践，提高学生的综合业务能力。同时，学校应邀请企业的专家和技术人员到学校担任兼职教师，传授最新的行业动态和实践经验，帮助学生更好地适应市场需求。

深化校企合作，打造产业园区实践平台是推动产学研深度融合的重要途径。高校、职校应与农村跨境电商产业园区建立紧密的合作关系，共同打造产业园区实践平台。学校可以将部分实践教学环节安排在产业园区进行，让学生在真实的产业环境中学习和实践。同时，产业园区内的企业可以为学校提供实习岗位和就业机会，实现人才的就地培养和就地就业。此外，学校和企业还可以在产业园区内共同开展科研项目和技术创新活动，推动产学研深度融合，为农村跨境电商的发展提供技术支持和创新动力。

政府出台优惠政策，吸引人才返乡创业是充实农村跨境电商人才队伍的重要举措。政府应制定一系列优惠政策，如提供创业补贴、贷款支持、场地租赁优惠等，以吸引在外奋斗的农村籍人才返乡创业。这些人才在城市中积累了丰富的电商经验和技术，返乡后可以将先进的理念和技术带回农村，带动农村跨境电商的发展。同时，政府要加强对返乡创业人才的服务和支持，为他们提供一站式的创业服务，帮助他们解决创业过程中遇到的各种问题。

引导专业人才投身农业电商领域是破解农村跨境电商人才瓶颈制约的有效方法。政府和企业应加大宣传力度，向社会广泛宣传农村跨境电商的发展前景和机遇，吸引更多的专业人才关注并投身农业电商领域。例如，通过举办农村跨境电商人才招聘会、创业大赛等活动，为专业人才搭建展示才华和实现价值的舞台。同时，要加强对专业人才的培养和培训，提升他们的农业知识和电商技能，使他们更好地适应农村跨境电商的工作需求。

鼓励电商从业者拓展农产品业务是充实农村跨境电商人才队伍的重要途径。政府和企业应为现有的电商从业者提供培训和支持，帮助他们深入了解农产品的特点和市场需求，掌握农产品跨境电商的运营技巧和方法。同时，要出台一些激励政策，如给予一定的补贴和奖励等，鼓励电商从业者积极拓展农产品业务，将更多具有农村特色的农产品推向国际市场。通过吸引各类人才投身农村跨境电商领域，壮大农村跨境电商人才队伍，为产业发展注入智慧动能，破解人才短缺问题，推动农村跨境电商实现高质量发展。

农村跨境电商发展挑战与机遇并存，唯有精准施策、协同奋进，方能突破困境，实现乡村经济与国际市场的深度融合。在数字经济时代，我们要书写乡村振兴的新篇章，推动我国农业国际贸易迈向新高度，为全球农产品贸易贡献中国农村的力量，助力构建农业领域双循环的新发展格局。在未来的发展中，政府、企业、社会各界以及广大农民要共同努力，不断探索创新，持续优化农村跨境电商的发展路径，让农村跨境电商成为乡村振兴的强大引擎和我国农业国际贸易的新亮点。

第三节　农村循环经济与国际贸易的可持续发展

在全球经济一体化和环境问题日益突出的背景下，农村循环经济与国际贸易的可持续发展成为重要议题。农村循环经济作为一种生态友好型经济模式，对优化农业资源利用、减少环境污染、促进农村经济可持续增长具有关键作用。而国际贸易的可持续发展关系到国家经济的稳定与全球经济的健康运行。两者紧密相连，农村循环经济的发展能够提升农产品的国际竞争力，促进农业贸易的可持续增长；国际贸易的发展也为农村循环经济带来技术、资金与市场机遇。深入研究两者的关系，探索协同发展路径，对实现经济与环境的协调发展意义重大。

一、农村循环经济概述

（一）循环农业

循环农业是指在农作系统中推动各种农业资源实现往复多层与高效流动的活动，旨在达到节能减排与增收的目标促进现代农业和农村的可持续发展。作为一种环境友好型农作方式，循环农业具有较好的社会、经济和生态效益。

1. 循环农业的特点

（1）资源高效利用

循环农业系统强调对水资源的多次重复利用，通过构建灌溉回收系统，收集并处理灌溉后的剩余水资源，使其再次用于灌溉，从而减少对新鲜水资源的依赖。同时，该系统还注重土地资源的高效利用，采用轮作、间作等多元化种植方式，有效避免因长期单一种植而导致的土地肥力下降和病虫害问题，进而提升土地的产出能力和可持续利用性。

（2）废弃物资源化

在循环农业中，各类农业废弃物被视为潜在的资源。农作物秸秆通过粉碎还田、制作生物质燃料或作为养殖饲料等方式，实现从废弃物到资源的转化。畜禽粪便则经过科学处理，转化为优质有机肥料，返回农田为农作物提供养分，减少化学肥料的使用量。此举不仅解决了废弃物处理问题，还降低了农业生产成本，推动了资源的循环利用。

（3）生态环保

循环农业致力于减少农业生产对环境的负面影响，通过减少化肥和农药的使用量，降低土壤、水体和遭受大气污染的风险。同时，该模式还注重构建生态平衡的农业系统，促进生物多样性的发展。例如，在农田周边种植防护林和花卉，为有益昆虫和鸟类提供栖息地，采用生物防治方法控制病虫害，进一步减少化学农药的使用量。

（4）产业融合

循环农业促进农业内部不同产业之间的深度融合，以及农业与其他产业的联动发展。种植业、养殖业和农产品加工业相互结合，形成一个有机整体。农作物为养殖业提供丰富的饲料资源，养殖业的废弃物又为种植业提供优质的肥料。此外，农产品加工过程中的副产品还可以作为养殖饲料或生物质能源的原料。同时，循环农业还与旅游业相结合，发展生态农业观光、休闲农业等新兴业态，进一步拓展农业的多功能性，增加农民收入。

（5）可持续发展

循环农业以可持续发展为目标，致力于实现经济、社会和生态效益的和谐统一。它不仅关注当前的农业生产效益，更着眼于未来农业的长期发展。通过构建稳定的农业生态系统，实现资源的可持续利用和农业的可持续发展，为子孙后代留下良好的农业生态环境和发展基础。

2. 循环农业的成效

在我国，循环农业的发展已取得显著成效。例如，秸秆还田技术，提高了土壤有机质含量和土壤的保水保肥能力；发展沼气工程，将畜禽粪便等有机废弃物转化为清洁能源和有机肥料；加强农业废弃物资源化利用技术的研发和推广等举措，发挥了重要作用。这些措施不仅提高了农业资源的利用效率，还减少了农业面源污染，促进了农业生产和生态环境的协调发展。

在具体实践方面，各地涌现出许多成功的循环农业案例。例如，北方的"四位一体"（沼气池—畜禽养殖—厕所—日光温室）庭院农业模式，将畜禽粪便等有机废弃物投入沼气池作为发酵原料，产生的沼气作为能源为日光温室供热，沼液、沼渣作为有机肥改良土壤，形成了种植与养殖的良性循环。这一模式不仅实现了农业废弃物的资源化利用，还提高了农业生产效率和经济效益。

随着人们生态意识、节约资源意识和保护环境意识的不断增强，循环农业的发展前景将更加广阔。我们将继续加强农业废弃物资源化利用技术的研发和推广，提高农业废弃物的资源化利用水平，促进农业生产和生态环境的协调发展。此外，还将加大循环农业的宣传和推广力度，提高农民对循环农业的认识和了解，推动循环农业在农村地区的广泛应用和发展。

（二）循环农业模式

循环农业模式是一种以资源的高效利用和循环利用为核心，通过优化农业生产系统内的物质流和能量流，实现农业可持续发展的模式。

1. 循环农业模式的特点

（1）资源高效利用：实现多层次、全方位的资源整合

循环农业模式的核心在于对农业资源的深度挖掘与高效利用。这一模式通过科学的规划与管理，实现土地、水、光、热等自然资源的优化配置与高效利用。例如，在农业生产中，采用轮作、间作、套种等种植模式，充分利用土地资源，提高土地复种指数和产出率。同时，运用滴灌、喷灌等节水灌溉技术，有效减少水资源浪费，提高水资源利用率。此外，循环农业还注重太阳能、风能等可再生能源的开发利用，为农业生产提供清洁能源，降低能源消耗和碳排放。

（2）废弃物循环利用：变废为宝，促进资源再生

在循环农业模式中，废弃物不再是无用的负担，而是宝贵的资源。借助先进的生物技术和工程技术，农业生产过程中产生的废弃物被转化为可再利用的资源。以畜禽粪便为例，经过微生物发酵等处理工艺，其可以被转化为高效有机肥，用于改良土壤结构、提高土壤肥力。同时，农作物秸秆也不再被焚烧或随意丢弃，而是被用于生物质能源的生产，如秸秆气化、秸秆发电等，实现了能源的循环利用。这种废弃物循环利用的方式不仅减少了对环境的污染，还促进了资源的再生与循环利用。

（3）生态环境保护：绿色生产，和谐共生

循环农业模式坚持绿色生产理念，致力于减少农业生产对环境的污染和破坏。通过减少化肥、农药等化学投入品的使用，降低了农业生产过程中的环境污染风险。同时，积极推广生态种植、养殖技术，保护生物多样性，维护生态平衡。例如，在水产养殖中采用生态浮床技术种植水生植物，吸收水体中的氮、磷等营养物质，净化水质；在果园中放养家禽，利用家禽的粪便为果树提供养分，同时家禽的啄食行为还可以控制果园中的害虫数量。这些措施的实施不仅保护了生态环境，还促进了农业生产的可持续发展。

（4）经济效益提升：降低成本，增加收入

循环农业模式通过提高资源利用效率和废弃物循环利用水平，显著降低了农业生产成本。例如，使用自产有机肥替代化肥、利用生物质能源替代化石能源等，减少了农业生产中的物质投入和能源消耗。同时，由于循环农业模式注重产品质量和品牌建设，生产出的农产品具有更高的附加值和市场竞争力。这使得农民在获得稳定收入的同时，还能够实现收入的持续增长。此外，循环农业模式还促进了农村第一二三产业的融合发展，为农民提供了更多的就业机会和增收渠道。

2. 循环农业模式的主要类型

（1）种养结合模式

种养结合模式充分发挥种植业和养殖业之间的协同作用，实现资源的循环利用，具有显著的生态、经济和社会效益。

在该模式中，将农作物秸秆作为饲料喂养畜禽是一种常见的做法。农作物秸秆富含纤维等营养物质，经过适当处理后，可以成为畜禽的优质饲料。例如，青贮、氨化等技术可以提高秸秆的营养价值，使其更适合畜禽食用。

畜禽食用秸秆后，其粪便经过堆肥处理或其他生物处理方法，如沼气池发酵，其中的有机物可以分解转化为有机肥。这些有机肥富含氮、磷、钾等营养元素，施用于农田后，可以改善土壤结构，提高土壤肥力，为农作物的生长提供良好的土壤条件。同时，畜禽粪便中的有机物还可以促进土壤微生物的活动，提高土壤的保水保肥能力，有利于农作物的生长和发育。这样就形成了"农作物—畜禽—有机肥—农作物"的循环链条，实现了资源的循环利用和农业生态系统的平衡稳定。

这一模式不仅有效地利用了资源，减少了废弃物的排放，还降低了农业生产成本。秸秆作为饲料喂养畜禽，避免了秸秆的浪费，同时也为畜禽提供一部分饲料来源，减少了对商业饲料的依赖。畜禽粪便作为有机肥施用于农田，减少了化肥的使用量，降低了农业生产对环境的污染。此外，这一模式还可以提高土地利用率和单位面积产量。畜禽粪便中的养分可以为农作物提供充足的营养，促进农作物的生长和发育，从而提升了农作物的产量和质量。

（2）立体种植模式

立体种植模式利用不同作物在生长空间和时间上的差异，进行多层次种植，以提高土地利用率和单位面积产量，具有重要的实践意义。

在立体种植模式中，常见的是在果园中套种蔬菜、中药材等作物。果园为蔬菜和中药材提供了良好的生长环境，如充足的阳光、适宜的温度和湿度等。同时，蔬菜和中药材的种植也充分利用了果园中的空间资源，避免了土地闲置。例如，在苹果行间种植矮生蔬菜，如菠菜、香菜等。这些蔬菜可以在苹果树的树荫下生长，不需要过多的阳光和水分，同时也可以利用苹果树的根系分泌物和落叶等有机物质作为肥料，减少肥料的使用量。在中药材的种植方面，可以根据不同中药材的生长特点和需求，选择合适的种植位置和方式。例如，在梨园中种植喜阴的中药材，如半夏、天麻等，充分利用梨园中的空间和资源，提高土地利用率和经济效益。

立体种植模式不仅提高了土地利用率和单位面积产量，还改善了农业生态环境。不同作物之间的合理搭配增加了农田的生物多样性，提高了农田的生态稳定性。同时，蔬菜和中药材的种植增加了农田的植被覆盖率，减少了水土流失，改善了土壤结构，提高了土壤肥力。此外，立体种植模式还减少了病虫害的发生几率。不同作物之间的相互作用抑制了病虫害的传播和蔓延，减少了农药的使用量，降低了农业生产对环境的污染。

（3）生态养殖模式

生态养殖模式采用生态环保的养殖方式，旨在减少环境污染，实现养殖业的可持续发展。

发酵床养殖技术是生态养殖模式中的一种重要技术。该技术利用微生物对畜禽粪便进行分解，将其中的有机物转化为无害物质，同时产生有益微生物，如乳酸菌、酵母菌等。这些有益微生物可以改善畜禽的肠道菌群，增强畜禽的免疫力，减少疾病的发生。同时，发酵床养殖技术还可以减少异味和污染。畜禽粪便在发酵床上经过微生物的分解处理后，会转化为无害的气体和液体，如二氧化碳、水蒸气等，不会对环境造成污染。此外，发酵床养殖技术还可以提高畜禽的生产性能。有益微生物的促进作用增强了畜禽的消化吸收能力，提高了饲料的利用率，从而增加畜禽的体重，提高产肉量、产蛋量等。

生态养殖模式不仅减少了对环境的污染，还提升了养殖产品的质量和安全性。采用生态养殖方式，畜禽可以在自然、舒适的环境中生长，不会受到化学物质的污染。同时，生态养殖模式还保证了畜禽的健康生长，减少了疾病的发生，从而提高了养殖产品的质量和安全性。此外，生态养殖模式还促进了农村经济的发展。生态养殖模式提高了养殖效益，增加了农民的收入，同时还带动了相关产业的发展，如饲料加工、兽药生产、农产品加工等，促进了农村经济的繁荣。

（三）农村循环经济的内涵与特点

农村循环经济是在可持续发展理念和循环经济思想指导下，融合生态经济学等多学科原理，运用农业科技与遵循生态规律，实现农村经济系统物质、能量高效循环利用与废弃物减排的经济模式。其具有多方面显著特点：在资源利用上，注重高效性，如在循环农业系统中，水资源的多次重复利用及土地资源通过多元化种植方式，提高了资源利用效率；在废弃物处理方面，秉持资源化理念，将农作物秸秆、畜禽粪便等转化为资源，降低了成本并推动了循环经济的发展；在生态保护方面，致力于减少污染、维护生物多样性，构建了生态平衡的农业系统；在产业发展方面，促进了农业内部及与其他产业的融合，拓展农业功能，增加了农民收入；从长远目标看，它追求经济、社会和生态效益的统一，保障了农业的可持续发展。

二、农村循环经济与国际贸易可持续发展的关联

（一）农村循环经济对国际贸易的促进

提升农产品竞争力：农村循环经济推动农产品向绿色、生态、高质量方向发展，减少了化学投入品的使用，提高了农产品的质量安全水平，满足了国际市场绿色消费需求，增强了农产品国际竞争力。在此基础上，农村地区应充分"依据自身的资源参与参与国际贸易，从而促进本地区的经济增长。"[①]

优化贸易结构：农村循环经济促进了农业产业升级与创新，拓展了农业功能，催生了高附加值农产品与农业服务贸易，优化了我国国际贸易结构，降低了高能耗、高污染产品出口比重，增加了绿色、科技含量高的产品与服务的出口。

应对绿色贸易壁垒：农村循环经济符合国际环保标准，为农产品出口提供绿色通行证。企业通过发展循环经济改进生产工艺、优化管理模式，突破了绿色贸易壁垒，减少了贸易摩擦，保障了农产品国际市场份额。

（二）国际贸易对农村循环经济的影响

技术与资金引进：国际贸易为农村循环经济带来国际先进的农业技术、设备与资金。通过技术交流合作与贸易投资，可以引进资源利用、废弃物处理、生态保护等方面的技术，提升农村循环经济技术水平与创新能力，促进产业升级。

市场拓展与需求引导：国际市场需求为农村循环经济的产品与服务提供了广阔的发展空间。它引导农民与企业按国际标准生产，推动了农村循环经济的规模化、专业化发展。如国际市场对生态农产品需求的增长促进了其种植与加工。

国际合作机遇：参与全球农业与环境合作项目，使我们能够学习先进经验与管理模式，加强与国际组织、企业的合作。这提升了农村循环经济的国际化水平与影响力，吸引国际资源参与农村循环经济建设。

---

① 黎昌贵，李达. 农产品国际贸易对欠发达地区新农村建设的贡献——基于广西桂林红岩村的调查 [J]. 中国商贸，2010，(6)：172-173.

三、农村循环经济与国际贸易的可持续发展实践措施

（一）树立可持续发展理念与加强政策支持

理念普及与教育：政府、企业和社会应高度重视农村循环经济与国际贸易可持续发展理念的宣传教育。利用媒体、培训、示范项目等多种渠道，增强农民、企业经营者和公众的环保意识、资源节约意识与可持续发展意识，促进形成绿色生产、消费和贸易观念，营造良好的社会氛围。

政策体系构建与完善：政府应制定涵盖财政、税收、金融、产业等多方面的政策，支持农村循环经济的发展与国际贸易的可持续推进。在财政上加大投入力度，设立专项资金用于技术研发、基础设施建设与示范推广；在税收方面给予循环经济企业优惠政策，如减免税、退税等；在金融领域创新服务模式，提供优惠贷款、担保等，鼓励社会资本参与；产业政策引导农业产业升级，培育绿色农业产业集群，可以促进农村循环经济与国际贸易协同发展。

（二）技术创新与产业升级

关键技术研发与应用：加大对农村循环经济关键技术研发的投入，聚焦于农业废弃物资源化利用、生态农业技术、精准农业技术、绿色农产品加工与保鲜等领域。组织科研力量进行技术攻关，突破技术瓶颈，加速科研成果的转化应用，如研发高效秸秆综合利用技术、精准施肥灌溉设备、绿色农产品保鲜技术等，提升农村循环经济的技术含量与经济效益。

产业融合与创新发展：推动农村循环经济与农业、工业、服务业的深度融合与创新发展。发展农产品精深加工、农业电商、生态旅游等新产业新业态，延伸农业产业链，提升产品附加值。促进农业与工业的循环链接，实现废弃物跨产业的协同利用；利用互联网、大数据、物联网技术，提升农业生产经营的信息化、智能化水平，增强农村循环经济产业的竞争力与创新能力。

（三）国际合作与市场拓展

积极参与国际规则制定：在国际贸易与环境治理领域，我国应积极参与国际规则、标准的制定工作，发出中国声音，提升国际话语权。加强与其他国家和国际组织的合作，推动建立公平合理、包容共赢的全球贸易与环境规

则体系，为农村循环经济产品与服务的出口创造有利的国际环境。

拓展国际市场与贸易渠道：企业应加强国际市场调研，了解不同国家和地区的市场需求与标准，据此调整产品结构与营销策略。利用国际农业展会、电商平台、贸易洽谈会等渠道，展示和推广农村循环经济产品与服务，建立国际营销网络与品牌，拓展国际市场份额，加强国际农业贸易合作，积极开发新兴市场。

第四节　新质生产力推动农村经济发展国际贸易

在当今全球化与科技迅猛发展的时代背景下，新质生产力已成为经济领域的关键变革力量。其在农村经济发展及国际贸易格局中所蕴含的巨大潜力与产生的深远影响，正逐渐成为学界与政策制定者关注的焦点。新质生产力凭借创新驱动、技术融合与要素高效配置等显著特性，为打破农村经济发展瓶颈、重塑国际贸易竞争优势带来全新契机与路径。深入探究新质生产力如何推动农村经济发展及国际贸易变革，对于实现乡村振兴战略目标、提升国家在全球经济版图中的地位具有极为重要的理论与实践意义，这也构成本章论述的核心主旨与出发点。

一、新质生产力的内涵与特征

（一）新质生产力的内涵

新质生产力，作为新一轮科技革命和产业变革的产物，代表着一种高级形态的先进生产力。该生产力融合了人工智能、大数据、生物技术、新能源技术等前沿科技创新成果，通过对生产要素的创新重组与高效配置，催生了全新的产业业态和经济增长模式。新质生产力的内涵可从以下方面进行阐述：

创新性重组：新质生产力的显著特征在于对生产要素的创新性重组。它将最新科技成果与劳动力、资本、技术等传统生产要素进行重新组合，打破了长期形成的以物理资源和劳动力密集为特征的传统生产要素配置模式，实现了资源配置方式的根本性变革。带来的结果是，资源配置效率显著提升，资源浪费现象有效遏制，为生产活动的可持续发展奠定了坚实基础。

突破生产边界：新质生产力的重要特征是突破传统生产力的边界。它扩大了生产活动的物理范围，将更多资源和市场纳入生产体系，并开创了虚拟生产、网络化生产等新型生产方式，为经济发展开辟了前所未有的新领域。这种边界的拓展，为经济增长提供了更广阔的舞台，使经济活动的多样性和复杂性极大提升。

效率提升：在提升生产效率方面，新质生产力展现出无可比拟的优势。通过引入先进生产技术和优化生产流程能够大幅缩短生产周期，降低生产成本，提高产品质量。这种效率的提升，增强了企业的市场竞争力，为经济高质量发展提供了有力保障。

动能转换：新质生产力为经济发展注入了新活力，推动了经济增长动能的转换。它促使传统产业通过技术创新实现转型升级，催生了一批新兴产业。这些产业以高科技、高附加值、低污染为特点，成为推动经济结构优化和现代化进程的重要力量。

知识驱动：在新质生产力框架下，知识、技术、数据等无形要素成为推动经济增长的关键因素。这体现了知识经济时代的特征，即知识和创新成为经济发展的核心动力。在新质生产力推动下，经济发展模式从传统的资源驱动转向知识驱动，这不仅提高了经济增长的可持续性，也为社会进步和人类福祉的提升开辟了新的路径。

（二）新质生产力的核心特征

技术创新性：新质生产力是推动社会进步和经济发展的关键力量。特别是在农村经济领域，颠覆性的技术创新正引领着生产技术体系的不断更新换代。以农业生产为例，智能种植技术的应用使农作物的种植更加科学和高效，精准农业无人机的广泛使用则大大提高了农作物的种植和管理效率。此外，农产品加工的自动化和智能化生产线的建立，不仅极大地提高了农业生产效率，还显著提升了农产品的附加值。这些技术的应用彻底改变了传统农业依赖人力和经验的生产模式，使农业生产逐步向精准化、智能化的方向迈进，为农业的可持续发展注入了新的活力。

要素融合性：新质生产力打破了传统产业要素之间的壁垒，促进了技术、资本、人才、数据等关键要素在农村产业中的深度融合。以农村电商平台为例，它整合了农产品供应链上下游的各类资源，实现了线上线下销售渠道的有机结合。这种模式不仅吸引了外部资本和专业人才流入农村，还激活了农村沉睡的资产与资源，拓展了农村产业发展的空间，为农村经济发展注入了新的活力。通过这种融合，农村经济得以实现更加多元化和可持续的发展。

产业协同性：新质生产力促进了农村第一二三产业的深度融合发展，形成了一个相互关联、协同共进的产业生态系统。以休闲农业为例，农业生产与旅游、文化、服务等产业相互渗透，打造出了集农事体验、乡村旅游、农产品销售于一体的综合性产业模式。这种模式不仅提升了农业产业的附加值，还带动了餐饮、住宿、交通等相关产业的发展，促进了农村产业结构的优化升级。通过这种产业协同，农村经济的稳定性得到了增强，抗风险能力也得到了显著提升，为农村经济的长期健康发展奠定了坚实的基础。

（三）新质生产力在农村经济中的具体体现

农业生产智能化转型：随着科技的不断进步，智能农业设备在农业生产中得到广泛应用，实现了农业生产环节的精准控制与高效管理。例如，智能灌溉系统能够根据土壤湿度、气象数据等关键信息自动调节灌溉水量与时间，有效减少水资源浪费；农业传感器实时监测农作物的生长状况，为精准施肥、病虫害防治提供科学依据。这不仅有助于降低生产成本，还能显著提升农产品的产量与质量，进而提高农业生产效益。

农村产业数字化升级：随着互联网技术的不断发展和普及，农村电商呈现出蓬勃发展的态势。越来越多的农产品借助网络平台的力量，成功地打破传统的地域限制，实现了在国内外市场的广泛销售。例如，具有地方特色的农产品通过直播带货、网络营销等创新方式，迅速提升自身的品牌知名度，扩大市场份额。这些方式不仅拓宽了销售渠道，还有效地增加了农民的收入。与此同时，数字农业平台的建设也取得了显著的进展，促进了农业生产资料的线上采购、农产品的线上销售以及农业技术服务的远程对接。这些变革优化了农村产业的运营流程，显著提高了整个产业的运行效率。

生态农业与可持续发展：随着新质生产力的不断涌现，"新质生产力通过技术创新、管理模式革新和信息化应用显著提升了农业经济发展质量"。①生态农业与可持续发展的融合显著减少了农业面源污染，有效保护了农村生态环境。随着生态农业模式的不断发展，消费者对绿色农产品的需求得到更

---

①王加元. 新质生产力对农业经济高质量发展的影响、制约因素与优化路径研究 [J]. 山西农经，2024，（24）：156.

好的满足，同时，农产品的市场竞争力也显著提升。这种模式不仅促进了农村经济与生态环境的协调可持续发展，而且实现了经济效益、生态效益与社会效益的有机统一，为农业的未来发展指明了方向。

二、新质生产力对农村国际贸易的影响

（一）改变国际贸易产品结构

农产品贸易格局重塑：新质生产力推动农业科技创新，促使高附加值农产品在国际贸易中的比重逐步提升。例如，有机农产品、功能性农产品以及农产品深加工制品等，凭借其独特的品质与功能特性，受到国际市场的青睐。这些高附加值农产品的出口增长，优化了我国农产品出口结构，提升了农产品贸易的利润空间与国际竞争力，改变了我国在国际农产品市场上以初级农产品出口为主的传统格局，推动了我国从农产品贸易大国向贸易强国转变。

农业科技产品与服务贸易兴起：随着新质生产力在农业领域的深入发展，农业科技产品与服务成为国际贸易的新兴领域。我国自主研发的农业智能设备、农业生物技术产品、农业信息化软件等在国际市场上的份额逐步扩大，农业技术咨询、农业工程承包、农业人才培训等服务贸易也日益活跃。这不仅促进我国农业科技产业的国际化发展，还提升了我国在全球农业科技领域的话语权与影响力，推动国际贸易产品结构向高端化、知识化、服务化方向升级。

（二）优化国际贸易方式与流程

跨境电商助力农产品出口：跨境电商平台为农产品国际贸易开辟新渠道，简化了传统贸易的繁琐中间环节，降低了交易成本，减少了信息不对称性。农产品供应商通过跨境电商平台直接面向全球消费者展示与销售产品，实现精准营销与个性化服务。同时，跨境电商的大数据分析功能有助于企业了解国际市场需求动态，及时调整产品策略与生产计划，提高农产品出口的针对性与适应性，增强农产品在国际市场上的竞争优势。

数字贸易提升贸易效率与透明度：新质生产力推动国际贸易数字化转型，数字贸易成为国际贸易的重要方式。在农产品国际贸易中，电子合同、电子支付、电子单证等数字化手段的广泛应用，实现了贸易流程的自动化、标准化与信息化，大幅缩短了贸易周期，提高了贸易效率。区块链技术在农产品

贸易中的应用，确保了贸易信息的真实性、可追溯性与安全性，增强了贸易各方的信任，降低了贸易风险，提升了国际贸易的整体运行效率与透明度。

（三）提升国际贸易竞争力

技术创新增强产品差异化优势：新质生产力促使农业企业加大技术研发投入，不断创新产品与服务，形成独特的产品差异化优势。例如，利用基因编辑技术培育出具有特殊营养价值或药用价值的农产品，通过智能化农业生产与管理模式提供定制化的农产品与农业服务解决方案。这些差异化产品与服务在国际市场上能够更好地满足消费者多样化需求，有效避免了同质化竞争，提高了产品附加值与市场定价能力，增强了我国农产品在国际贸易中的核心竞争力。

产业集群与供应链协同提升整体竞争力：新质生产力促进农村产业集群发展与农业供应链协同整合。在特定区域内，形成了以农业产业为核心，涵盖农产品生产、加工、物流、销售等各环节的产业集群，实现了资源共享、技术创新协同与产业配套完善。同时，通过农业供应链的数字化管理与协同优化，提高了供应链的响应速度、灵活性与可靠性，降低了供应链成本，提升了农产品的质量与供应稳定性。产业集群与供应链的协同效应，提升了我国农业产业在国际贸易中的整体竞争力，增强抗风险能力。

三、新质生产力驱动下农村国际贸易经济发展的拓展

（一）新质生产力驱动下农村基础设施建设对国际贸易的促进

1. 提升交通物流效率

在新质生产力的驱动下，交通物流效率的提升为农产品国际贸易带来了显著变化。农村交通基础设施的完善成为关键因素，公路里程的增加与质量的提升，使农产品运输更加顺畅。原本因道路不佳而导致的运输时间长、损耗大的问题得到大幅改善，如今农产品能够迅速抵达港口、城市等核心市场，物流费用显著降低，在国际市场上的价格优势更加凸显。

铁路运输网络的拓展也发挥了重要作用，其强大的运力支持使得农产品能够实现大规模、长距离的高效运输，满足国际市场对农产品数量的需求。同时，港口建设的持续优化提升了农产品的海运能力，为农产品出口开辟了更为

便捷的通道。例如，我国沿海地区凭借优良的港口条件，大量农产品源源不断地运往世界各地，极大地促进了农村与国际市场的紧密连接，扩大了农产品贸易规模与范围，有力推动了农村经济在国际贸易舞台上的发展。

2. 改善能源和信息通讯设施

在新质生产力的推动下，能源和信息通讯设施的改善为农村国际贸易注入了强大活力。

稳定的能源供应是现代农业发展的根基。有了充足的电力等能源支持，自动化灌溉设备能够精准地为农作物提供水分，智能温控设备能够时刻维持适宜的生长环境。这些先进设备的高效运行显著提升了农业生产的效率与精准度，使农产品的品质更加优良、产量大幅增加，从而成功满足了国际市场对农产品高质量的严格要求。

如今，农民借助电商平台，能够跳过繁琐的中间环节，直接与国际买家进行沟通交易，这使得利润空间得到极大的拓展。同时，农民还可以通过网络轻松获取国际市场的动态信息，依据市场的需求变化及时且灵活地调整生产计划与销售策略。比如，在农村电商蓬勃发展的浪潮中，许多特色农产品成功突破地域限制，迈向国际市场，品牌知名度不断提升，极大地增强了农产品在国际市场上的适应性与竞争力，为农村经济的国际化发展开辟了新的路径。

3. 水利设施的完善

在农业发展进程中，水利设施的完善对干旱半干旱地区具有不可估量的意义。

地区通过精心设计和建设水利设施，完善了灌溉系统，确保了水资源的合理分配与高效利用，使农作物在生长过程中能够获得充足且稳定的水分供应。这不仅有效保障了农作物产量的稳定，还显著提升了它们的品质，使它们能够达到国际市场设定的严格质量标准。

优质农产品的持续供应，无疑是推动农产品出口贸易增长的强劲动力。同时，水利设施的不断改善为农业的可持续发展奠定了坚实基础。稳定的水源供应使得农业生产能够长期稳定地进行，从而保障了农产品能够持续、稳定地供应国际市场，农村在国际贸易中的地位也因此得以稳步提升，为农村经济的繁荣发展创造了有利条件。

（二）新质生产力驱动农产品出口竞争力提升

在全球农业贸易的竞争格局中，新质生产力成为提升农产品出口竞争力的关键力量。它通过多维度的作用路径，深度渗透于农业生产与流通的各个环节，对农产品出口竞争力的提升产生了深远影响。

1. 生物技术创新驱动：农产品出口品质与产量的源头变革

在生产源头方面，新质生产力借助生物技术的深度应用，引发了农业生产的变革性突破。在品种改良与病虫害防控方面取得了显著成效，极大地推动了农产品产量的提高和品质的提升。政府在这一过程中扮演着主导角色，通过加大资金投入，并依托国家级种子育种基地的资源优势，全力加速构建国家级种业创新与科研中心。同时，持续加大对基础科学研究的资金投入，高度重视种质资源保护工作，积极促进地方种质资源的妥善保护与高效利用，同时大力推进高品质种质资源的精准辨识与深度开发，并不断深化育种技术研究。在此基础上，坚持以自主创新为核心驱动力，着力培育具有强大规模化经营能力的国内种子企业，进而显著增强种子行业在国际市场的竞争力。以转基因技术为例，其在农业生产中的广泛应用使作物获得了更强的抗病虫害能力，有效减少了化学农药的使用量，降低了农业生产成本，同时显著提高了作物产量。

2. 综合竞争力进阶策略：国际标准与品质提升双轮驱动

在综合竞争力提升层面，鉴于我国农业正处于结构深度调整与创新发展的关键阶段，提升农产品在全球供应链中的竞争地位迫在眉睫。新质生产力驱动下的核心策略在于对标国际标准，推动国内农业企业提升质量、降低成本，培育高品质、健康的农产品。

第一，构建以低成本和标准化为特色的竞争优势是关键环节。培育具有国际影响力的大型粮商和农业企业集团可以充分发挥其规模经济优势，扩大生产经营规模，强化生产服务与农业技术应用，优化资源配置，提高生产效率，进而提升农产品的投入产出比，增强农业企业在全球农产品供应链中的融入能力与话语权。

第二，持续满足国际市场对高品质农产品的需求是赢得国际市场份额的关键。政府积极加强政策宣传与引导，鼓励农业企业加大农业科技研发投资力度，广泛应用农业绿色新技术，引导和激励生产经营主体创新绿色农业生产方式，加快推进种植与养殖的集成模式与循环农业发展，实现农业资源的高效利用与生态环境保护的良性互动。加强测土配方施肥和病虫害综合防治技术的应用可以精准满足农作物生长需求，减少病虫害对农产品品质的影响，逐步提升农业质量效益，增加高品质农产品的供应量，以契合国际市场对高品质农产品的严苛需求。

第三，建立与国际接轨的农产品质量标准体系至关重要。我国参照国际先进标准，全面完善农产品的质量规格、检验检疫标准、加工安全标准、农业技术规范及企业标准，构建全链条农产品市场准入及质量追溯系统。在此体系引导下，农业企业更加注重品牌建设与品质提升。提升产品质量和品牌知名度可以全面提升农业质量效益以及对国际规则的适应性，从而全方位提升农产品在国际市场的综合竞争力。

3. 物流优化保障：冷链物流助力农产品拓展国际市场

物流环节是农产品出口的关键支撑，先进的物流技术，尤其是冷链物流系统的完善，为农产品出口竞争力的提升提供了有力保障。随着全球消费市场对农产品新鲜度和品质要求的不断提高，冷链物流的发展已成为不可阻挡的趋势。

冷链物流的发展有效降低了农产品的损耗率，显著缩短了从田间到餐桌的时间，极大地拓展了我国农产品的国际市场空间。在生鲜农产品出口领域，冷链物流的广泛应用确保了农产品在运输和储存过程中的品质稳定，减少了因损耗和变质导致的经济损失，使更多优质农产品能够以最好的状态进入国际市场，从而提升了我国农产品在国际市场的竞争力，增加了其市场份额。

4. 信息技术赋能响应：智能技术提升农产品市场适应性

在市场响应与服务质量提升方面，信息技术的广泛应用为农产品生产与销售赋予了智能化的特质。物联网、大数据分析和云计算等技术的深度融合，使农产品生产者能够实时、精准地把握市场动态，快速响应国际市场需求的变化，并及时调整生产策略。

借助大数据分析，生产者能够精准预测国际市场对特定农产品的需求趋势，提前规划种植方案，合理安排生产，确保农产品供应与市场需求的紧密对接。例如，通过对国际市场数据的分析，生产者可以提前了解水果在特定季节的需求高峰，从而合理调整种植面积和采摘时间，确保产品在市场需求旺盛时及时供应，提高市场占有率。这种基于信息技术的市场响应机制，有效提升了农产品生产与销售的效率和效益，进一步增强了农产品在国际市场的竞争力。

综上所述，新质生产力通过生物技术应用、提升综合竞争力、物流优化和信息技术赋能等方面的协同作用，全方位、深层次地提升了农产品的出口竞争力，为我国农业在国际市场的发展注入了强大动力，成为推动我国农业现代化与国际化进程的核心力量。

四、新质生产力在推动农村经济发展国际贸易的前景

伴随信息技术与通信技术的进一步普及，农村地区的创新能力有望得到显著提升。这将有力推动农产品及服务的多样化发展，使其在全球市场的分布更为广泛。在全球化浪潮中，国际贸易政策与协定的动态变化对农村经济发展有着关键影响。新质生产力在知识产权保护、环境标准制定及贸易便利性等方面的进展，为农村地区参与国际贸易营造了有利环境。鉴于国际社会未来对可持续发展与公平贸易的高度重视，注重质量与可持续性的农产品将迎来新的市场机遇。与此同时，国际合作中技术转移与共享的强化，将进一步加速新质生产力在农村地区的扩散与应用。

为了确保农村经济的可持续发展与国际贸易的活跃性，政府、企业及国际组织需协同发力。政府应加大对农村新质生产力发展的财政支持与税收优惠力度，降低创新型企业运营成本，激发更多创新活力。例如，可设立专项财政补贴，用于支持农村企业引入先进生产技术与设备，对开展新质生产力相关创新项目的企业给予税收减免。教育与培训项目可以提升农村劳动力技能水平，尤其是在新兴技术及国际贸易实务方面，增强其就业与生产能力。比如，组织开展专业技能培训课程，邀请行业专家进行授课与实践指导。鼓励农村企业积极开展技术创新与升级改造，提升产品质量与竞争力，从而在国际市场占据更有利的地位。

在促进新质生产力发展方面，国家应出台政策推动农村信息技术基础设施建设，保障宽带互联网接入、移动通信服务及提供其他数字技术支持，助力农村充分利用数字化工具与平台提升生产效率。政府需积极推动农村与国内外市场的对接，搭建电子商务平台，促进农产品及农村制成品的线上交易，拓展销售渠道。例如，建立区域性农产品电商交易中心，整合物流、仓储与销售资源。此外，政府应与私营部门合作，为农村企业提供市场研究与国际贸易咨询服务，帮助其规避贸易风险，更好地适应国际市场需求与法规。

为了进一步激发新质生产力在农村经济发展中的作用，政府可实施设立创新基金、开展风险投资及推行贷款担保计划等激励措施，降低创业创新财务风险。这些举措将吸引更多企业家与农民投身新质生产力相关创新活动，推动农村经济多元化与可持续发展，提高农村自主发展能力，提升其在全球价值链中的地位，吸引人才回流，为农村经济注入新活力。

总之，新质生产力为农村经济国际贸易发展带来了广阔前景，各方应积极行动，充分发挥自身的潜力，实现农村经济的繁荣与国际竞争力的提升。

五、新质生产力推动农村经济发展国际贸易的挑战与对策

（一）新质生产力推动农村经济发展国际贸易的挑战

1.技术应用与适应难题

在新质生产力推动农村经济融入国际贸易的过程中，技术应用方面面临的挑战首当其冲。尽管新质生产力融合了信息技术、生物技术等先进科技，但农村地区在接纳和应用这些技术时困难重重。农民长期采用传统农业生产方式，对智能化农业设备、精准农业技术的操作和维护缺乏经验。例如，复杂的农业传感器、自动化灌溉与施肥系统等在农村的推广面临巨大阻碍，导致新质生产力难以在农业生产中充分发挥效能，农产品的质量和产量提升受限，无法满足国际市场对农产品高品质、标准化的严格要求，从而在国际贸易竞争中处于不利地位。

2.国际贸易规则的复杂障碍

国际贸易规则的复杂性宛如一座难以逾越的高山，横亘在农村经济走向国际市场的道路上。全球贸易格局中，各类贸易协定、标准和法规频繁更迭且内容繁杂。农村企业和从业者由于信息相对闭塞，缺乏专业的国际贸易指导，难以准确理解并遵循国际市场准入规则、质量认证标准以及知识产权保护条款等。以欧美市场为例，其对农产品的农药残留、有机认证、包装标签等方面规定细致入微，农村地区在农产品生产、加工和销售环节若不能及时适应这些规则变化，极易遭遇贸易壁垒，导致产品出口受阻，甚至丧失辛苦开拓的国际市场份额。

3.市场竞争的激烈冲击

国际农产品市场竞争异常激烈，给新质生产力驱动下的农村经济带来巨大压力。在全球范围内，各国农产品凭借各自优势展开激烈角逐。相比之下，一些农业发达国家拥有雄厚的资金、先进的技术和成熟的品牌营销体系，能够迅速响应市场需求，打造出具有广泛影响力的农产品品牌。而农村地区虽拥有特色农产品，但在品牌建设和市场营销方面尚处于起步阶段，缺乏有效的推广策略和国际营销渠道。这使得特色农产品难以在竞争激烈的国际市场中崭露头角，无法获取应有的市场份额和经济效益，严重制约了农村经济在国际贸易中的发展。

（二）新质生产力推动农村经济发展国际贸易的对策

1.加强科技创新支持体系建设

加大农业科技研发投入：为促进农业的可持续发展和提升国家粮食安全水平，政府应当采取更加积极的措施，进一步加大对农业科技研发的财政支持力度。这包括设立专项科研基金，为农业科技创新提供稳定的资金来源。同时，鼓励高校、科研机构与农业企业之间的合作研究，通过产学研结合的方式，加速科研成果的转化应用。重点支持农业生物技术、农业信息技术、农业装备制造技术等关键领域，这些领域的研发项目对于突破农业核心技术瓶颈至关重要。这些努力可以显著提高我国农业科技的自主创新能力，为新质生产力在农村经济中的发展提供坚实的技术支撑，从而推动农业现代化进程，增强农业的国际竞争力。

培育与引进农村科技人才：为吸引和留住具有卓越科技才能的人才投身农村经济建设，我们有必要制定一系列优惠政策。这些政策将为科技人才提供充满机遇和挑战的环境，使他们能够在农村这片广阔的天地中发挥自己的专长。同时，我们还需要加强农村科技人才培养体系的建设，与农业院校、职业培训机构等机构紧密合作，开展一系列农村实用技术培训和科技人才继续教育项目。这些项目的目标是显著提升农村劳动力的科技文化素质，提高他们应用现代农业技术的能力。此外，我们还应积极引进国外先进农业技术和管理经验，加强与国际农业专家的合作，邀请他们来华进行指导和共同研究。通过这些努力，我们期望能够显著提升我国农业科技的整体水平，并增强其在国际市场上的竞争力。

2. 完善产业融合发展机制

建立产业协同发展平台：政府应牵头建立农村第一二三产业协同发展平台，加强农业、工业、服务业等相关部门之间的沟通协调与信息共享。制定产业融合发展规划与政策措施，引导产业资源合理配置与优化整合，促进产业间的技术、资本、人才等要素的流动与协同创新。鼓励农业企业、农产品加工企业、电商企业、物流企业等建立产业联盟或合作共同体，实现产业链上下游企业的紧密合作与互利共赢，推动农村产业融合向纵深发展，提升农村经济发展的质量与效益。

加强标准化与品牌化建设：为确保农产品质量安全与品质的稳定性，我们需要加快制定和完善农产品生产、加工、销售等各个环节的质量标准与操作规范。同时，建立健全农产品质量安全追溯体系，有效追踪和管理农产品从田间到餐桌的整个过程。此外，加强农产品品牌培育与保护工作也至关重要。我们应当深入挖掘地域特色农产品的文化内涵，致力于打造具有国际影响力的农产品品牌。为达到这一目标，我们可以通过举办农产品品牌推介会、农业展会、网络营销活动等多种形式，加强农产品品牌宣传与推广。通过这些努力，我们能够提高农产品品牌知名度与美誉度，进而提升农村产业融合发展的市场竞争力与附加值，为农业的可持续发展注入新的活力。

3. 应对国际贸易环境挑战

积极应对贸易保护主义：政府应积极采取措施，加强与其他国家的贸易谈判与协商，坚决反对任何形式的贸易保护主义行为，确保我国农产品在国际贸易中的合法权益得到充分的保障。此外，鼓励农产品出口企业积极应对各种贸易壁垒，通过加强对国际农产品贸易规则与标准的深入研究，提升企业的竞争力。推动企业开展质量管理体系认证、绿色食品认证、有机农产品认证等多种认证工作，提高我国农产品的质量安全水平，确保它们符合国际市场的合规性要求。同时，政府还应加大对农产品出口企业的政策支持与法律援助力度，帮助企业有效减少贸易风险与潜在损失，稳定农产品出口贸易，促进农业经济持续健康发展。

提升农产品国际竞争力：在新质生产力的推动下，政府应引导农业企业加大技术创新与产品研发投入，优化农产品品种结构，提升农产品品质，提高农产品附加值与差异化竞争优势。加强农产品国际市场营销体系建设，培育一批具有国际市场开拓能力的农产品贸易企业与营销人才。利用大数据、人工智能等先进技术开展精准营销与市场调研，深入了解国际市场需求动态，及时调整农产品出口策略，以适应不断变化的国际市场环境。同时，加强农业国际合作与交流，鼓励企业开展境外农业投资与合作，拓展国际农业市场空间，提升我国农产品在国际市场的整体竞争力与影响力，从而在全球范围内树立我国农业企业的良好品牌形象。

参考文献

[1] 白志红. 数字普惠金融发展的社会经济价值研究 [J]. 统计与管理，2020，35（8）：112-121.

[2] 贲志红，李强. 新质生产力在推动农村经济发展国际贸易中的作用 [J]. 陕西农业科学，2024，70（9）：76-79.

[3] 曹金凤. 数字经济视域下吉林省农村跨境电商赋能乡村振兴体系建构研究 [J]. 山西农经，2024（6）：170-172.

[4] 曾珍. 新质生产力视域下农业农村现代化发展路径研究 [J]. 智慧农业导刊，2024，4（24）：79-82.

[5] 陈灿祁，彭媛. 数字赋能乡村振兴地方立法：价值意蕴、现实困境与优化路径 [J]. 湘江法律评论，2023，18（1）：226-243.

[6] 陈久权，张玲，杨福云. 秦皇岛市农村城镇化建设研究 [J]. 中国农业信息，2013（19）：165.

[7] 陈文俊. 农村金融发展对农村经济增长的作用机理——基于内生增长理论的实证研究 [J]. 中南林业科技大学学报（社会科学版），2012，6（2）：1-4.

[8] 陈娅. 数字金融与农村经济发展问题研究 [J]. 农村经济与科技，2022，33（12）：7-9.

[9] 陈永良. 数字普惠金融的价值效应研究 [D]. 南昌：江西财经大学，2023：21-45.

[10] 程虹铭. 农村循环经济与国际贸易的可持续发展 [J]. 商，2013（8）：192.

[11] 程艳，龚洁松. 安徽省农业产业化的金融支持体系建设研究 [J]. 通化师范学院学报，2018，39（3）：88.

[12] 褚甜甜. 数字普惠金融支持乡村振兴的机制与路径 [J]. 农村经济与科技，2024，35（21）：217-220.

[13] 丁谦．内生增长理论对我国农业现代化的启示 [J]．科技管理研究，2010，30（7）：216-218+223.

[14] 董鸿安，戴莉莉，杜娟．数字文旅赋能宁波乡村振兴的发展模式与实现路径 [J]．农村经济与科技，2024，35（17）：136-138+147.

[15] 杜凤蕊．乡村振兴背景下广西农村跨境电商人才培养探究 [J]．现代商贸工业，2024，45（19）：59.

[16] 杜浩波．新农村经济发展与分析 [M]．北京：现代出版社，2020.

[17] 段燃燃．镶嵌材料在室内漆艺陈设中的艺术语言 [J]．美术教育研究，2021（17）：94-95.

[18] 范玉鹏，刘洺远．数字文旅助力乡村振兴的内在机理与实践路径 [J]．河南农业，2023（12）：55-57.

[19] 傅乾宇．乡村振兴背景下乡镇基层干部数字素养问题及提升路径 [J]．智慧农业导刊，2023，3（19）：86-89.

[20] 关松涛．数字时代继续教育赋能乡村振兴的路径重构 [J]．苏州市职业大学学报，2024，35（2）：33-37.

[21] 韩杰．农村金融创新与乡村振兴融合发展研究 [M]．西安：西北工业大学出版社，2021.

[22] 何静．绿色金融支持农村经济内在逻辑与实现路径 [J]．山东农业工程学院学报，2024，41（5）：83.

[23] 侯瑞．镶嵌材料在现代漆艺语言中的重要性 [J]．大众文艺，2015（15）：117.

[24] 胡杰，庄腾跃，罗剑朝．农业强国与金融强国建设中的农村金融高质量发展——第十八届中国农村金融发展论坛综述 [J]．西北农林科技大学学报（社会科学版），2025，25（1）：151.

[25] 胡苗忠，叶梦琪，李子耀，等．农村金融实务 [M]．杭州：浙江工商大学出版社，2013.

[26] 黄尧．农村金融服务指南 [M]．长沙：湖南科学技术出版社，2018.

[27] 黄于幸．浅析中国农村金融市场体系存在的问题及对策 [J]．中国市场，2024（12）：39.

[28] 季凯文，武鹏．农村金融深化与农村经济增长的动态关系——基于中国农村统计数据的时间序列分析 [J]．经济评论，2008（4）：21.

[29] 解静.农业产业转型与农村经济结构升级路径研究 [M].北京：北京工业大学出版社，2020.

[30] 黎昌贵，李达.农产品国际贸易对欠发达地区新农村建设的贡献——基于广西桂林红岩村的调查 [J].中国商贸，2010（6）：172-173.

[31] 李弘.农村金融与农村经济发展的长期均衡和短期调整——评《中国农业经济协调发展研究》[J].热带作物学报，2021，42（8）：2447.

[32] 李卓文.数字经济背景下农村跨境电商发展的挑战 [J].产业创新研究，2023（7）：74-76.

[33] 刘玲.数字经济背景下农村跨境电商发展的挑战与实现路径 [J].农村经济与科技，2022，33（22）：255-258.

[34] 刘伟伟，蔡元萍.黑龙江省对俄跨境电商农产品贸易策略研究 [J].商场现代化，2024（20）：83-85.

[35] 刘新鹏.乡村振兴战略下农村跨境电商的发展形势、挑战和路径 [J].数字农业与智能农机，2024（8）：105-107.

[36] 刘亚平.数字经济背景下农村跨境电商发展的挑战与实现路径 [J].商业经济研究，2022（12）：138-141.

[37] 鲁俊辉.新农村经济发展与管理实务研究 [M].哈尔滨：东北林业大学出版社，2023.

[38] 吕臣，王慧，李乐军，等.数字文旅融合助力乡村振兴实现逻辑、路径与对策 [J].商业经济研究，2022（23）：137-140.

[39] 马玉娟，孙敏.乡村振兴背景下数字金融创新对农村经济发展的影响 [J].湖北农业科学，2024，63（9）：221.

[40] 潘新明.循环经济与国际贸易可持续发展战略研究 [J].商展经济，2022（10）：21-23.

[41] 庞振华.电子商务推动农村经济转型与发展相关问题分析 [J].现代经济信息，2018（2）：347.

[42] 石小川，郑斯文，张凤英.我国农村金融的发展困境与根本出路 [J].中国农业资源与区划，2024，45（8）：20.

[43] 宋琼.乡村振兴背景下学历继续教育毕业生乡村就业意向探究 [J].江西开放大学学报，2024，26（4）：79-86.

[44] 王凤飞，陈瑾，段卫里.数字旅游智能化服务体系的逻辑理路与赋能重构 [J].沈阳农业大学学报（社会科学版），2022，24（5）：535-539.

[45] 王凤飞，孙玉洁. 数字经济时代下旅游服务智能化特征变化与体系重构研究 [J]. 唐山师范学院学报，2023，45（5）：78-83.

[46] 王慧欣. 数字普惠金融助推乡村振兴的作用路径及对策研究 [J]. 西部财会，2024（12）：51-55.

[47] 王加元. 新质生产力对农业经济高质量发展的影响、制约因素与优化路径研究 [J]. 山西农经，2024（24）：156.

[48] 王军. 制度约束下的农村金融与农业经济增长研究 [J]. 今日财富，2021（19）：22-24.

[49] 王彤彤. 数字普惠金融助力乡村振兴的路径研究 [J]. 邢台学院学报，2024，39（3）：46-50+63.

[50] 王昕. 农村金融促进农村经济发展 [J]. 中国经贸导刊，2024（14）：166-168.

[51] 王永超，郑益. 数字化技术赋能农村职业教育高质量发展的意义、问题及实践进路 [J]. 农村经济与科技，2023，34（24）：269-271.

[52] 王玉玲. 印度农业产业政策体系与效果评价——兼谈对我国农业发展的启示 [J]. 理论月刊，2014（10）：177.

[53] 王云艳. 数字化背景下职业教育赋能乡村振兴的作用机制、现实困境与路径优化 [J]. 宁波职业技术学院学报，2024，28（5）：34-39.

[54] 吴俊杰，高静. 农村经济发展的金融支持研究 [M]. 杭州：浙江大学出版社，2020.

[55] 武朝权. 农村金融发展对农业经济增长的影响研究 [D]. 合肥：安徽大学，2022：22-52.

[56] 谢镇华. 数字金融对农村经济高质量发展研究 [J]. 农业产业化，2024（9）：43-45.

[57] 许九悦，侯爱萍. 数字文旅赋能乡村振兴的现实困境与优化路径 [J]. 乡村论丛，2023（6）：47-53.

[58] 杨红丽. 美国农业现代化金融支持对我国的启示 [J]. 农业经济，2019（1）：107.

[59] 冶美琴. 浅谈西部农村金融发展的金融约束 [J]. 全国流通经济，2018（10）：84-85.

[60] 喻晓社，游琪. 数字文旅推进乡村振兴的逻辑与进路 [J]. 南昌大学学报（人文社会科学版），2024，55（3）：99-108.

[61] 张姣月 . 循环经济与国际贸易可持续发展的措施研究 [J]. 家庭生活指南，2018（10）：94.

[62] 张丽 . 浅析镶嵌材料在现代漆艺语言中的重要性 [J]. 包装世界，2008（6）：110−111.

[63] 张荣静 . 互联网金融与农村经济的关联分析 [J]. 农业经济，2022（9）：102−103.

[64] 张文远 . 农村金融 [M]. 北京：中国工业大学出版社，2014.

[65] 张艳娟 . 山西农村循环经济发展模式研究 [D]. 太原：山西大学，2011：19−37.

[66] 赵君 . 乡村振兴战略背景下高校继续教育人才培养模式 [J]. 继续教育研究，2024（10）：1−5.

[67] 赵凯芳，邱凯 . 推进基于乡村振兴的普惠金融高质量发展 [J]. 中国农业资源与区划，2024，45（9）：205.

[68] 赵伟 . 新时期农村经济贸易转型研究 [J]. 价格月刊，2021（9）：63−68.